谁滥动了我们的养命钱

农业类上市公司财务舞弊问题分析

吴文军 著

中国财政经济出版社

图书在版编目（CIP）数据

谁滥动了我们的养命钱：农业类上市公司财务舞弊问题分析 / 吴文军著. —北京：中国财政经济出版社，2014. 12
ISBN 978 - 7 - 5095 - 5921 - 5

Ⅰ. ①谁…　Ⅱ. ①吴…　Ⅲ. ①农业公司 - 上市公司 - 会计报表 - 会计检查 - 研究 - 中国　Ⅳ. ①F324

中国版本图书馆 CIP 数据核字（2014）第 293956 号

责任编辑：王　飏　　　　责任校对：张　凡
封面设计：汪俊宇　　　　版式设计：录文通

中国财政经济出版社 出版
URL：http：//www. cfeph. cn
E - mail：cfeph @ cfeph. cn

社址：北京市海淀区阜成路甲 28 号　邮政编码：100142
营销中心电话：88190406　北京财经书店电话：64033436　84041336
北京财经印刷厂印刷　各地新华书店经销
710 × 1 000 毫米　16 开　9. 5 印张　150 000 字
2014 年 12 月第 1 版　2014 年 12 月北京第 1 次印刷
定价：36. 00 元
ISBN 978 - 7 - 5095 - 5921 - 5/F · 4773
（图书出现印装问题，本社负责调换）
本社质量投诉电话：010 - 88190744
打击盗版举报热线：010 - 88190492，QQ：634579818

序

农业作为关系我国国计民生的基础产业，它的平稳健康发展不仅是国民经济有序运行的前提和保障，更起到了安天下、稳民心的重要作用。拥有先进管理理念和雄厚资金实力的农业企业，是推动农业产业化进程、发展农业经济的先锋和主力军。近年来，随着我国资本市场的不断发展完善，该类企业融资效率得到极大提升，但与此同时，农业类上市公司也频频曝出财务舞弊丑闻。丑闻引发了广大投资者对农业类上市公司财务信息的可靠性和农业企业可持续发展能力的极大质疑，农业类上市公司进行财务舞弊不仅严重挫伤了投资者的积极性，更为我国整个资本市场的正常运行带来阻碍，进而严重影响到我国农业企业的社会声誉和投融资效率，对我国农业发展的水平提升和整体格局造成不良影响。鉴于此，对农业类上市公司财务舞弊问题进行研究就显得愈发重要和紧迫。本书旨在对农业类上市公司舞弊动机、手段、原因等进行系统分析，并以此为基础提出进一步防范农业类上市公司财务舞弊的政策性建议，进而推动农业类上市公司和我国农业产业的持续健康发展。

全书以基本财务会计理论为始，其后为上市公司财务舞弊理论分析、我国上市公司财务舞弊及其动因、农业类上市公司财务舞弊案例分析、农业类上市公司财务舞弊总体特征分析及农业类上市公司财务舞弊防范与治理的对策建议几大专题。各专题既独立成篇，自成体系，又相互呼应，共同形成一个有机统一的完整体系。其中，绪论主要对涉及财务舞弊的关键概念进行了界定；上市公司财务舞弊理论分析专题，主要根据信息不对称理论和博弈论，对财务舞弊进行了经济学分析，并详细阐述了财务舞弊动因的相关理论；我国上市公司财务舞弊及其动因专题，主要概括总结了当前我国上市公司财务舞弊的常用手段、舞弊的识别以及舞弊的动因三部分内容；农业类上市公司财务舞弊案例分析专题中，从企业概况、舞弊事件经过及处理结果、舞弊的识别、舞弊手段及舞弊动因五方面对具有代表性的六家农业上市公司的财务舞弊案例进行了详细的剖析和阐述；在农业类上市公司财务舞弊总体特征分析专题中，主要概括了我国农业企业总体特点、上市公司四大舞弊手段和四种舞弊的识别方法，并从企业的内外部压力、机会、借口三方面就当前上市公司舞弊动因进行了剖析；在农业类上市公司财务舞弊防范与治理的对策建议专题中，主要从减轻舞弊压力、减少舞弊机会以及消除舞弊借口三方面详细分析了防范农业企业舞弊的针对性的举措。

笔者立足于当前我国资本市场的实际情况，选用最新的且有代表性的上市公司案例，深入挖掘，条分缕析，以严谨的态度和全面的分析系统研究了目前我国农业类上市公司财务舞弊问题，适合股权投资行业从业人员、普通投资者、证券监管人员以及对农业发展及农业企业感兴趣的其他相关人士阅读参考。希望读者通过阅读本书，能更好地了解我国农业类上市公司的舞弊现状和发展特点，并对其日常投资决策产生有益指导，同时也希望本书能够为监管者创新农业类上市公司财务舞弊的监管模式、提升监管效率提供参考和帮助。

目　录

第一章

绪　论

一、研究背景和意义

（一）研究背景

健康成熟的资本市场有利于推动社会资源实现优化配置，引导资源合理流动，提高社会资金使用效率，进而推动经济健康发展。随着我国经济的迅速发展，企业作为资本市场的重要主体，对资本市场的发展完善和有序运营起着至关重要的作用。企业通过提供全面高质量的财务信息，辅助投资者进行投资决策，为国家宏观调控提供合理数据，同时也为企业良好运营、实现可持续发展奠定基础。因此，上市公司披露的财务信息的真实完整，不仅有利于解除经营者的受托责任，消除委托方与受托方之间的信息不对称，更有助于推动整个社会经济的良好运行和效率提升。然而，从全球范围内看，上市公司财务舞弊的现象普遍存在，而且近年来，各国都有愈演愈烈的趋势，它如一颗毒瘤般伴随着并且阻碍着资本市场的发展。财务舞弊行为不仅会给企业和利益相关者带来危害，还会严重影响整个社会经济的健康发展。首先，财务舞弊导致投资人、债权人、政府监管部门等财务信息使用者不能充分掌握企业真实的财务状况、经营成果、现金流量等情况，不能准确了解企业实情，以指导其作出科学合理的经济决策或制定合理的行业政策。财务舞弊损害了广大投资者，尤其是中小投资者的切身利益，打击了他们对整个资本市场的信心。其次，财务舞弊最大的弊端在于其严重破坏了资本市场的资源配置机制，影响了资本市场的正常、合理、有序运行。然而上市公司财务舞弊屡禁不止，原因有很多。从企业内部来说，有可能是企业受融资利益驱动，包装上市的需求使然，当然也存在企业由于内部控制薄弱或不健全导致舞弊的可能性，还可能是受企业内部治理结构、股权结构不完善导致监督实效等因素的影响。从企业外部来看，则存在着中介机构协同作弊或执业能力不足、地方政府为繁荣地方经济为违规企业上市保驾护航等原因。

具体到我国，上市公司财务舞弊问题也十分严重。纵观我国各类上市公司财务舞弊案件，农业类上市企业俨然成为当下我国资本市场财务舞弊的“高发区”，从早年的蓝田股份、银广夏案到近几年的绿大地、万福生科案等等，农业企业财务造假案件频发。我国作为一个农业大国，只有农业企业发展得好，农业产业才能发展得好，农业作为关乎我国国计民生的基础产业，才能真正发挥好稳定经济、安定民心的作用。而农业类上市公司作为我国众多农业企业中具有先进经营管理模式和强大经济实力的企业，是推进我国农业产业化进程、发展农业经济的主力军。因此，农业类上市公司违规进行财务舞弊，并且提供虚假财务信息不仅会损害投资者的切身利益，还将严重影响我国农业企业的发展，进而对我国农业发展的整体水平和整体格局造成巨大的不良影响。因此，对我国农业类上市公司的舞弊行为进行分析研究，并总结提炼防治其进行财务舞弊的政策措施就有着十分重大的现实意义。

（二）研究意义

鉴于当前我国农业类上市公司财务舞弊案件频发的现状及其给资本市场和众多利益相关者造成的诸多不良影响，本书旨在对农业类上市公司舞弊的动机、手段、原因等进行系统分析，并以此为基础提出进一步防范农业类上市公司财务舞弊的政策性建议，推动农业类上市公司和我国农业产业的持续健康发展。本书采用案例分析的方法，选取了六家农业类上市企业财务舞弊案件，分析其包括舞弊手段等在内的舞弊实践全过程，并从压力、机会、借口三方面深入挖掘其舞弊动因，旨在详细总结近年来我国资本市场上农业类上市公司财务舞弊的惯用方式和手段及舞弊动因，为更好地识别和防范农业类上市公司财务舞弊提供指引。在案例分析的基础上，系统归纳农业类上市公司财务舞弊的总体特征，由此提出防治农业类上市公司财务舞弊的政策性建议，为今后更好地进行农业类上市公司财务舞弊监督和管理提出有针对性的对策和建议，从而进一步提高我国资本市场的监管水平和监管效率。另外，通过对财务舞弊动因、表现等的详细分析和论述，也可以为投资者的相关经济决策提供参考。

二、关键概念厘定

（一）财务舞弊

1. 财务舞弊的概念

基于不同的角度，学术界对财务舞弊的概念界定存在一定差别。美国反欺诈财务报告全国委员会（COSO）在 1987 年的《财务舞弊报告》（Report of the National Commission on Fraudulent Financial Reporting）中将财务舞弊定义为一种故意的或轻率的行为，该行为通过虚假记载或隐瞒重大事项的方式，对财务报告的信息使用者产生误导。美国注册会计师协会（AICPA）在其审计准则公告第 99 号——“财务报告审计中对舞弊的考虑”（Consideration of Fraud in a Financial Statement Audit）中则将财务舞弊定义为会导致财务报告重大错报的故意行为。中华人民共和国财政部发布的《中国注册会计师审计准则第 1141 号——财务报表审计中与舞弊相关的责任》中指出，舞弊是指被审计单位的管理层、治理层、员工或第三方使用欺骗手段获取不当或非法利益的故意行为①。但不难看出，尽管定义的角度不同，但财务舞弊的概念都与欺诈、造假、信息失真等违规经济行为相关。

2. 财务舞弊的类型

在不同的分类基础上，财务舞弊有着不同的划分方法。根据舞弊主体的不同，财务舞弊通常被划分为管理舞弊和雇员舞弊两种类型。管理舞弊主要指的是管理层和治理层主导并参与的舞弊，雇员舞弊则指企业员工进行的舞弊。从舞弊的内容看，包括编制虚假的财务报告和侵占资产两种形式。其中编制虚假财务报告通常是管理舞弊，即公司管理层以虚增收入、利润，虚增资产，虚减负债和费用为目的进行蓄意的财务舞弊，编制虚假财务报告以误导信息使用者。侵占资产的财务舞弊指的是盗用企业货币资金、固定资产及其他资产从而使企业利益受损的行为，侵占资产的主体可能是管理层也可能是雇员。本书主要以农业类上市公司财务舞弊中的管理舞弊作为研究对象。

（二）相关概念辨析

1. 会计差错

会计差错指的是在会计核算的过程中，在计量、确认、记录等方面出现的错误。从会计差错产生的原因看，主要有两种，一种是以制造差错为目的的故意行为，是包含管理人员、财务人员等在内的主观造假行为，这种行为就是前述的财务舞弊。另一种是由于财务人员工作疏忽大意、业务不熟、对准则理解有误等客观原因造成的非故意行为，这种行为是不以制造差错、影响信息使用者决策为目的的，是一种客观过失行为。因此，从这个角度看，财务舞弊是会计差错的子集，会计差错包含财务舞弊，二者都会造成会计信息不可靠、报表发生错报，进而造成误导报表信息使用者的

---

① 《中国注册会计师审计准则第 1141 号——财务报表审计中与舞弊相关的责任》，2006

恶劣后果。

2. 会计信息失真

会计信息是指经济活动中会计主体运用会计理论和方法，通过会计核算形成的反映企业财务状况、经营成果和现金流量状况的经济信息。会计信息应该如实、准确、完整地反应企业经济活动，如果没有达到这个目标，会计信息就不能称之为“真”。这种失真将会影响会计信息使用者进行经济决策。葛家澍（1999）认为，会计信息失真是有关单位对会计报表进行粉饰的结果，包括包装、伪装、账外核算、随意选择或变更会计政策、不完整披露或避重就轻等行为。会计信息失真包括两种情况：一是由会计事项失真引起的会计信息失真；二是由会计处理失真引起的会计信息失真。

财务舞弊与会计信息失真既有区别又有联系。财务舞弊势必造成会计信息失真，会计信息失真是财务舞弊的结果，二者的共同点就是对外披露的会计信息和财务信息是不真实、不公允的。但是，造成会计信息失真的原因可能不仅仅是财务舞弊或会计造假，也可能是会计工作人员判断失误、经验不足，或者是由于业务能力不够而造成会计政策选择不恰当，会计估计不正确等非主观原因造成的，即技术性的会计信息失真。总的来说，会计信息失真是描述了一种客观结果而不是主观行为，而由于造成会计信息失真的原因既可能是主观的也可能是客观的，既可能是无意的也可能是人为的，既可能是违法的也可能是合法的，因此，会计信息失真很可能源于财务舞弊。

3. 盈余管理

盈余管理指企业管理层为实现特定目的，在会计准则和相关法规制度允许的范围内，进行的一系列会计政策选择和经营活动安排。当前，学术界通常将盈余管理划分为两类，即应计盈余管理和真实盈余管理。应计盈余管理的主要特征为以改变盈余在不同年度间的分布为目的，不改变企业一段时期内的实际盈余总额。其主要手段有变更或调整会计政策、会计估计方法等。而真实盈余管理的主要特征为企业管理层通过调整企业生产经营活动或交易行为来改变企业盈余状况，这种做法会影响企业盈余数额和现金流量数额，其主要手段有通过减少开支进行费用操控、放宽信用政策进行销售操控等等。

财务舞弊既不是应计盈余管理，也不是真实盈余管理，财务舞弊与盈余管理是有本质区别的。从法律角度看，财务舞弊是违法行为，而盈余管理属于合法行为。虽然二者都是有目的的操纵行为，都是为实现企业利益最大化，但财务舞弊是通过伪造或隐瞒事实等违法违规手段来谋取不正当利益，而盈余管理是在准则和法规允许的范围之内，通过调整会计政策及会计方法的选择或是经营模式的变化来实现企业和管理者效益最大化的行为方法。

三、研究方法和主要内容

（一）研究方法

在明确了文章研究背景、研究意义的基础上，本书本着发现问题——分析问题——解决问题的逻辑顺序展开，主要采取规范分析的研究方法，具体有：

1. 定性分析法

通过搜集、鉴别和整理与财务舞弊概念、识别、手段、动因等相关内容的大量文献资料，全面阐述财务舞弊的基础理论，并在相关基础理论的指导下，定性分析农业类上市公司的普遍特点、财务舞弊的概况、内外部因素共同作用下的舞弊动因以及舞弊产生的后果和危害，为农业类上市公司的案例分析提供研究基础。同时，在案例研究的基础上，定性总结分析得到农业类上市公司财务舞弊治理的相关政策性建议。

2. 案例分析法

本书选取了我国资本市场上六个典型的农业企业财务舞弊案例进行分析，通过归纳总结企业各自的发展概况、财务舞弊案件经过及处理结果、财务舞弊的识别方式、具体操作手段以及该企业进行财务舞弊的动机等，全面分析并得到当前我国农业类上市公司财务舞弊的共同特点和动因。并以此为基础，提出防范农业类上市公司财务舞弊的具体建议。

（二）研究内容

本书共分为六个部分，分别详细阐述了农业类上市公司财务舞弊的背景、财务舞弊的基础理论、农业类上市公司财务舞弊特点及现状等相关问题，并通过案例研究的方法，详细分析了农业类上市公司进行财务舞弊的目的、过程、手段、动机等问题，提出进一步防范农业类上市公司财务舞弊的政策性建议。

第一章为绪论，这一部分主要阐明了本书的研究背景和研究意义，清晰厘定了财务舞弊的相关概念，简要概括了文章的研究方法和研究内容，从整体上论述了本书研究的创新点、局限性。

第二章为上市公司财务舞弊理论分析部分，包括从信息不对称理论和博弈论的角度对财务舞弊进行经济学分析，并对财务舞弊动因进行相关理论分析，包括二因素理论、三因素理论、四因素理论、财务舞弊风险因子理论。

第三章为我国上市公司财务舞弊及其动因。这一部分详细分析了当前我国上市公司常用的四种舞弊手段，并从企业财务状况、经营情况、与外部机构关系及外部环境四方面总结当前我国上市公司财务舞弊的识别方法，然后从压力、机会、借口三方面分析当前我国上市公司的舞弊动因。

第四章为农业类上市公司财务舞弊案例分析，这一部分详细分析了湖南万福生科农业开发股份有限公司、云南绿大地生物科技股份有限公司、广东新大地生物科技股份有限公司、吉林紫鑫药业股份有限公司、山东华阳科技股份有限公司及湖南胜景山河生物科技股份有限公司六家农业企业的财务舞弊案件，对六家公司财务舞弊的过程、识别、手段、动因等一系列问题进行了系统分析。

第五章为农业类上市公司财务舞弊总体特征分析，本书在这一部分首先深入挖掘了我国农业企业的总体特点，并结合案例资料详细分析了农业类上市公司舞弊的常用手段和其舞弊动因。

第六章为农业类上市公司财务舞弊防范与治理的对策建议，这一部分结合文章理论分析和案例研究的结果，分别从减轻舞弊压力、减少舞弊机会、消除舞弊借口三个方面明确了对农业类上市公司舞弊防范与治理的政策措施。

四、本书的创新点和局限性

（一）本书的创新点

首先，本书系统分析归纳了现阶段我国上市公司的总体状况和特点，并从三因素理论出发，结合其他舞弊动因理论，创新性地以企业为边界，从企业内外部环境角度对压力、机会和借口进行更加细致的划分和总结，使得本书对舞弊的分析更为透彻深入。

其次，本书选取的六个案例都是我国资本市场上近几年引发广泛关注的具有典型性的农业类上市公司财务舞弊案件，课题从企业概况、舞弊经过及处理结果、舞弊的手段、识别及动因分析五个方面全面还原上市公司舞弊经过，深入分析总结得出农业类上市公司的舞弊特征，资料详实且有代表性，能充分体现农业类舞弊企业整体在资本市场上的表现，并为农业类企业舞弊的相关研究提供参考和借鉴。

其三，本书追根溯源，从舞弊动机角度出发，以理论为依托，结合实践案例，针对农业企业舞弊的特殊性，从减轻舞弊压力、减少舞弊机会和消除舞弊借口三个层面为有效防治农业类上市公司财务舞弊现象提出了有针对性的建议，从宏观的制度层面到微观的个人道德素质提升，课题全方位多角度地针对农业这一特殊行业阐述了防范舞弊的政策性建议，有较强的现实指导意义。

（二）研究的局限性

虽然本书针对分析的每一个财务舞弊案例都总结归纳了其常用

手段，并对这些舞弊手段的使用动机和使用条件等进行了分析，但上市公司进行财务舞弊的手段繁多，受研究资料和查阅手段等的限制，对舞弊手段的种类和特征的研究无法穷其所有，一一总结。因此本书对农业类上市公司进行财务舞弊的手段方法的分析可能还存在遗漏之处。

第二章

上市公司财务舞弊理论分析

一、财务舞弊的经济学分析

（一）信息不对称理论

经济决策都是基于给定的信息作出的，因此信息的完整与否和质量高低与资源配置的效率息息相关。倘若经济决策的相关方或者交易双方掌握的信息是完全对称的，那么在这种情况下作出的决策和进行的交易就是最有效率的，是可以实现社会资源最优配置和社会福利最大化的。但在现实生活中，由于信息的获取途径受阻或获取成本过大，在交易和决策过程中，相关方通常无法得到其他参与人的所有信息，在这种情况下，作为理性经济人的信息占有方通常会为谋求自身利益最大化作出“利己不利人”的选择。从现代企业经营的角度来说，信息不对称主要会产生两个问题：逆向选择和道德风险。这两个问题将直接导致受托人可能出于自身利益作出不利于委托人的举动，使企业的经营目标逐步偏离委托人的初衷。

一方面，如果股东得到的企业财务信息是真实准确的，那么他们必然会衡量比较不同企业的经营状况和企业价值，并选择高质量的公司来进行下一步的投资，这样，那些经营质量差的公司就会在资本市场上逐渐被淘汰。公司为了避免被淘汰出局的厄运，必然会努力改善经营以提高公司业绩。但是，当信息不对称问题广泛存在，而企业在短时期内提高业绩又存在困难时，很多上市公司就选择了利用财务舞弊来虚报信息，美化业绩。其结果必然是误导信息使用者作出错误的经济决策。

另一方面，为了解决委托代理问题，股东为了使受托人，即管理层作出增加企业价值的决策和经营行为，往往会设计一系列的激励机制，以实现监督成本最小化下的代理效益最大化。激励机制一般会通过业绩评价来运行，而最重要的业绩评价考核指标就是财务指标，如公司的净利润、收入增长率等等。由于管理层的自身利益受到所披露的财务报表中的财务数据的影响，因此，管理层有动力通过财务舞弊的方式美化报表以获得更多的利益。特别是在上市公司股权比较分散的情况下，中小股东出于成本效益原则的考虑不愿意花费时间和金钱对管理层进行监督，在这种情况下，管理层通过财务舞弊来谋求自身利益最大化就更加便利和容易了。

（二）博弈论

博弈是一个经济学概念，指的是一种策略互动。博弈论就是以参与人之间的行为互动过程为研究对象的理论，博弈论探讨在互动过程中参与人的一般行为规律，旨在帮助个人或组织等决策主体理解、识别策略，并以此为基础进行明智理性的选择。博弈论有两大基本假设，一是博弈各方都是理性经济人，能够充分利用信息作出合理决策；二是博弈各方都基于自身利益最大化作出决策。根据博弈论的观点，个体的行为决策是根据其对结果的预判而作出的，个体行为的结果不仅仅取决于自己的行为，还被其他参与者的行为所左右。

从博弈论角度，可以清晰描述监管当局的监管行为对企业舞弊选择的影响。从企业管理层和监管者的相关关系来看，上市公司的财务舞弊可以看作是二者的博弈，企业对于编制财务报告的行为可以采取“财务信息舞弊”和“财务信息真实”两种策略，监管部门也有两种策略可供选择，即“严格监管”和“宽松放行”。那么一次博弈的策略集就有以下四种结果：一是企业进行财务舞弊，监管部门没有严格监管，采取放任态度；二是上市公司进行财务舞弊，监管部门严格监管并发现舞弊行为，进行了处罚；三是上市公司没有财务舞弊，监管部门进行严格监管；四是上市公司没有财务舞弊，监管部门也没有监管。由于目前中国的证券市场还不成熟，相关监管部门如证监会等的监管制度尚不完善，所以出现了许多上市公司的财务舞弊不能被发现的情形，进行舞弊而不被发现的概率较大。因此，基于博弈论的分析，公司管理层就存在着出于自身利益考虑而破坏现有规则的冲动。在与股东利益不一致的情况下，一旦存在时机，企业管理层就会考虑伪造虚假财务数据以谋求自身利益最大化。

二、财务舞弊动因的相关理论

（一）二因素理论

财务舞弊的二因素理论也被称为“冰山理论”，由美国的G·杰克·波罗格纳（G. Jack Bologna）和加拿大的罗伯特·J·林德奎斯特（Lindquist Robert J.）共同提出。二因素理论认为财务舞弊行为是由组织结构和行为动机两个因素引起的。即企业进行财务舞弊的行为由内外两个因素驱动：内部的控制制度和外部的财务压力。财务舞弊的结构部分好比是冰山暴露在外面的部分，是客观存在的，容易观察到的。而财务舞弊的行为部分就像是冰山隐藏在水面下的部分，是比较隐蔽的主观的存在，不易被发现和识别。因此，冰山理论强调，在分析企业财务舞弊问题时，不仅仅要看到组织内部结构和内部控制方面的问题，更要关注“潜在海面下的部分”，即外部的财务压力、业绩压力以及管理层的道德水平、企业诚信文化的建立等更为主观和不同企业的个性内容。

（二）三因素理论

财务舞弊三因素理论即舞弊三角理论，是美国审计学泰斗劳伦斯·B·索耶（Lawrence B·Sawyer）在20世纪50年代最早提出的。索耶认为舞弊的诱发主要由三方面的因素构成，即特殊需要、机会和合乎情理。他并没有进一步对这一财务舞弊理论进行详细的阐述，但他清楚地解释了产生舞弊的必要条件，为后来相关理论的研究奠定了基础。1995年，美国注册舞弊审核师协会（ACFE）的创始人、前任美国会计学会会长史蒂文·阿伯雷齐特（W. Steve Albrecht）进一步发展了这一理论。他认为，企业财务舞弊的产生就像燃烧一样，需要压力（热度）、机会（氧气）和借口（燃料）三者共同作用，缺一不可。而且这三者只要其中一个力度足够大，那么，即使另两个因素较弱的情况下，也会产生舞弊。

压力是企业舞弊者的最直接行为动机，具体包括经营者的业绩压力，为满足投资者需求或与其改善财务状况的压力，企业上市融资的压力等等。上市公司或其经营者在面临外部压力而无法通过正常渠道消解时，便会产生舞弊动机，通过造假会计信息的方式来应对压力。机会是提供给舞弊者进行舞弊而不被发现，或者能逃避制裁与处罚的条件和时机。机会主要存在于以下几种情况：一是企业不健全的内部控制体系，使得舞弊行为得不到及时的识别；二是企业组织结构或治理结构不完善，企业内部监管体系失效；三是惩罚措施力度不够或缺少惩罚措施，导致舞弊者有恃无恐。机会为舞弊的发生提供了可能，倘若舞弊的监管和识别体系严密完善，必然会在客观上抑制舞弊行为，或是最大化舞弊成本，从而降低企业舞弊发生的概率。借口是指舞弊者借由某种观念、态度或认知，为舞弊行为找到合理理由，致使其将个人私利凌驾于企业利益之上，或将二者混为一谈。借口通常包括管理层态度不端、缺乏诚信或是管理层与现任或前任注册会计师关系紧张等等。财务舞弊行为的发生，必然是由舞弊行为主体实施的，舞弊主体的主观意志是导致舞弊发生的最直接也是最关键的因素，无论是舞弊者法律意识淡薄还是社会诚信缺失都无法通过外在制度准则的建立完善来规避，只有通过社会环境、企业文化的构建，管理层思想道德水平的提升，才能从主观上消除企业舞弊的借口。压力、机会、借口是企业财务舞弊行为产生的必要条件，三者互为前提，减少任何一个都会一定程度上降低舞弊发生的可能，但是，三个因素中只要有一个足够强烈，也会诱发舞弊。

（三）四因素理论

财务舞弊动因的四因素理论也被称为“GONE 理论”，该理论由波罗格纳（G. Jack Bologna）等人在 1993 年提出。“GONE”是四个英文单词的缩写，即 Greed（贪婪）、Opportunity（机会）、Need（需要）和 Exposure（暴露）。贪婪、机会、需要、暴露共同构成企业财务舞弊的四要素。即舞弊主体在贪婪和急需钱财的驱动下，倘若有舞弊不被发现的环境或条件，就选择恰当的时机进行财务舞弊。在这四个要素中，“贪婪”和“需要”二因素通常与舞弊者自身需求和个人价值取向有关，而“机会”和“暴露”二因素则更多的是关乎企业控制环境、组织架构和惩罚机制，具体来看：

（1）“贪婪”因子：“贪婪”指的是对财富的过渡渴求，它是人性的一种表现，从一定意义上讲，人人都是自私贪婪的。当企业的内部治理机制不完善导致无法对管理层形成有效制约时，管理层权利膨胀，凭借其凌驾于内控之上的权威进行财务舞弊以满足自身的贪婪欲望。

（2）“机会”因子：机会是指行为人可以顺利逃脱惩罚的时机和条件。具体到财务舞弊，即指舞弊者拥有舞弊不被发现或逃脱舞弊惩罚的环境和条件，包括薄弱的内部控制以及外部监管机制等等。

（3）“需要”因子：“需要”是一切行为产生的前提和内因。在解释财务舞弊行为时，可以从个人“需要”和组织“需要”两个层面来解释。从个人来说，包括对薪金、办公环境等的需要。从组织来说，包括企业融资、提升知名度的需要以及地方政府追求政绩的需要。这两方面都会推动舞弊的发生。

（4）“暴露”因子：“暴露”指的是舞弊行为被发现的概率以及行为暴露后受到惩罚的力度大小。“暴露”因素主要受制于企业舞弊的发现机制，即中介机构、监管机构、企业内部审计机构等能否保持职业谨慎来拆穿舞弊。

（四）财务舞弊风险因子理论

舞弊的风险因子理论是波罗格纳等人基于“GONE”理论进一步研究得出的，该理论指出，财务舞弊的风险因子共分为两类，一类是个别风险因子，一类是一般风险因子。个别风险因子体现财务舞弊者的个人特点，是因人而异的，包括舞弊者的道德品质和动机等因素。而一般风险因子具体指财务舞弊所处的企业控制环境以及制度环境，具体包括财务舞弊的机会、舞弊被发现的可能性、舞弊者得到惩罚的性质和程度等等。个别风险因子体现财务舞弊者的个人特点，是因人而异的，包括舞弊者的道德品质、动机、压力等因素。当个别风险因子与一般风险因子共同作用时，舞弊就会发生。

上述四种财务舞弊动因理论从不同角度总结概括了企业舞弊行为产生的根源和发生的必要条件。二因素理论以企业为界限，划分了财务舞弊的企业内部组织结构和企业外部财务压力两方面动因；四因素和风险因子理论，则都是首先将舞弊动因区分为舞弊者个人主观动机和客观环境两个大类，再在此基础上进行进一步的动因细分；而三因素理论则未对舞弊动因进行微观与宏观、主观与客观的划分，它从整体和系统的观点出发，将舞弊主体的舞弊行为动因归结为压力、机会和借口，它较为完整地囊括了其他三种理论分析的舞弊动因因素。本书拟借鉴三因素理论，并结合其他理论对舞弊动因的具体划分方法，分别从企业内部和外部两个层面分析企业财务舞弊的压力、机会和借口。

第三章

我国上市公司财务舞弊及其动因

自1990年以来，随着我国证券市场的发展，证券市场规模不断扩大，上市公司融资效率不断提升。但经过20多年的发展，我国证券市场总体来说还只是一个年轻的弱势有效的市场，在这样的市场发展阶段和环境下，我国上市公司财务舞弊案件一直层出不穷。随着近年来资本市场监管体系的不断成熟，监管制度的不断完善，我国上市公司财务舞弊的状况总体得到有效控制，但仍不尽如人意。2011年至2014年5月，证监会共出具行政处罚书233份，涉及主体包括上市公司、公司法人、会计师事务所、律师事务所、保荐机构。其中因财务舞弊而被证监会出具行政处罚书的上市公司共有75家，2011年31家，2012年23家，2013年16家，2014年截至5月31日共有5家。从趋势上看，上市公司舞弊数量在近年来呈现逐年递减的趋势，但从绝对数量以及舞弊金额上看，我国上市公司财务舞弊规模仍亟待得到有效控制。从之前的琼民源、银广夏，到现在的万福生科、绿大地，财务舞弊伴随着我国资本市场的发展从未消失过，舞弊企业的存在严重影响着投资者对资本市场的信心，从而影响到我国资本市场的平稳健康发展。

一、我国上市公司财务舞弊的常用手段

财务舞弊的主要表现形式有伪造、变造会计凭证或记录，隐瞒

或删除交易或事项，记录虚假的交易，蓄意使用不当的会计政策和会计估计，故意违反会计准则的规定编制财务报告等。随着国家政策法规和会计准则的调整变化，以及监管机构对舞弊的监管和惩罚力度不断加大，新的财务舞弊手段也层出不穷。总的来说，当前我国上市公司财务舞弊的手段可以归结为以下四类：

（一）虚增利润

1. 虚构交易

相较上市公司通过钻现行法律的空子或是利用会计准则伸缩性等方式调节报表数据等间接舞弊手段，虚构交易作为彻头彻尾的主观造假和欺诈，其行径最为恶劣，性质也最为严重。然而，当前上市公司的舞弊案中，通过伪造凭证，虚构交易的手段来实现收入和利润虚增却得到了舞弊企业日益广泛的运用，原因就在于对于业务量众多且繁杂的生产经营型企业来说，这种方式能够轻松实现粉饰财务报表而又轻易不会被发现的目的。具体而言，上市公司首先通过虚构各种购销或代理合同、协议等虚增交易对象，随之配套以各种发票、出库单、运输凭证等原始交割清单的方式，蒙蔽投资者和监管者；另外，上市公司也可能通过设置账外账向其他单位借款，再虚构交易划回，从而实现虚增利润的目的。

2. 少计成本费用

上市公司通常采用少计广告费和利息费用、少计库存商品盘亏、少计提折旧和摊销、费用过度资本化、将费用年末调入递延资产、以资金占用费直接冲减财务费用以及将利润表的费用确认为资产负债表的待摊项目等方式达到虚减期间费用和成本的目的，亏损企业以此实现“扭亏为盈”的目的。

3. 违规关联交易

关联交易是指不论是否收取价款，关联方直接转移资源、劳务或义务的行为。在企业财务和经营决策中，如果一方有能力直接或间接控制、共同控制另一方或对另一方施加重大影响，则视其为关联方；如果两方或多方受同一方控制，也将其视为关联方。我国上市公司多是集团型的复合架构，财务报告中的合并财务报表范围涵盖了母公司、子公司、合营、联营、控制及共同控制的各类经济主体的经营活动情况，由于关联企业均是独立法人，独立核算，自负盈亏，但关联企业之间又有着密切的内部购销交易，由此，就为上市公司通过关联交易调整合并报表数据提供了可能。通常，上市公司会采用以下几种关联交易来虚构利润：虚构销售业务、转让资产、受托经营、资金往来、费用分担。当上市公司经营业绩不佳时，为了达到虚增利润的目的，可能就会利用关联方之间的资金往来虚构收入、以不合理的价格转让或租赁资产、与关联方之间达成不合理的受托经营协议、上市公司母公司替其承担相关费用或者调低上市公司应缴纳的费用标准等舞弊手段来虚增收入和利润以误导财务报表使用者，关联交易现已成为上市公司财务舞弊的主要手段之一。

4. 提前或延迟确认收入

变更收入确认时间，主要指上市公司为了平滑各期利润对收入进行提前或延迟却认。舞弊企业主要通过两种方式提前确认收入，一是提前确认递延收入，二是提前确认委托销售收入。有的企业在提供产品、劳务或服务还没有实际发生时就提早确认收入，计入利润，而投资者也通常无从得知企业交易的真实性，这种手法违背了实质重于形式的会计原则，特别是公司一收到款项就确认收入，而不考虑销售退回的情形，也是上市公司经常使用的舞弊方式。而延期确认收入，则是上市公司商品销售所得收入虽然完全满足确认条件，但企业考虑到在未来的一段时间内，公司创造收入的能力可能会下降，因此为了保证以后期间的利润，将当期发生的收入在以后需要的时候再进行确认。

5. 不计或少计减值准备

判断资产是否减值，应依据资产可能已经发生减损的某些迹象，如果存在任何一种迹象，企业应对其可收回金额进行估计，并计提相应的减值准备。对减值准备进行财务造假主要包括不提或少提长期股权投资的减值准备、坏账准备、存货跌价准备，或在不符合条件或没有充分证据的情况下冲回已计提的坏账准备和存货跌价准备，亦或是以代还款方式虚增应收账款，冲回坏账准备，从而实现利润虚增。

6. 操纵非经常性损益

企业的非经常性损益主要是指企业发生的与主营业务和其他经营业务无直接关系，以及虽与主营业务相关但由于该交易或事项的性质、金额和发生频率不足以影响企业正常经营的各项交易事项产生的收益。企业操纵非经常性损益进行财务舞弊的手段主要是通过债务重组、资产或股权转让等“一锤子买卖”的方式，在短期内扭亏为盈或是大幅提升业绩，以达到避免被停市摘牌或操纵二级市场价格的目的。另外，当前我国上市公司“交叉参股”的现象普遍存在，这一部分上市公司常通过互相拉高股价获取巨额投资收益，提升自身收益水平，并通过由此创造的“虚假繁荣”进一步实现企业市值的上升，这种非主业利润的上市，必会产生来去匆匆类似“泡沫经济”的“泡沫收益”。上述非经常性收益对利润的表面提升都不长久，这种方式通常会伴随着企业利润大幅缩水的情形，由此误导投资者作出投资决策，造成投资者损失。

除以上六种虚增利润的主要方式外，上市公司还有通过延时调整价差收入、不对销售售回进行确认、编制合并报表不抵销集团内部交易以及未足额计提返利价保、不恰当的会计实务操作等多种方式虚增利润。

（二）虚增资产

资产的规模和质量在一定程度上反映了企业未来期间的盈利能力，许多上市公司通过虚构资产和将对企业不再有利用价值的虚拟资产常年挂账而不注销等手段来达到虚增资产和利润的目的。企业虚增资产主要通过虚构在建工程、在股权收购过程中虚列收购价格，虚增长期股权投资和未分配利润、直接虚增固定资产以及将对企业不再有利用价值的虚拟资产常年挂账而不注销等手段来达到虚增资产和利润的目的。上述虚拟资产，主要包括三年以上的应收账款、没有生产能力的固定资产、已经超过受益期限的待处理财产损溢和待摊费用等项目。在企业的资产结构中，倘若虚拟资产数额较大或占比较高，通常是企业前期未选择稳健的会计政策造成的，而这些虚拟资产都要通过日后的盈利来消化吸收，这无形中成为企业沉重的包袱。

（三）滥用会计政策和会计估计方法

会计政策是指企业进行会计核算和编制会计报表时所采用的具体原则、方法和程序。会计估计是指对结果不确定的交易或事项以最近可利用的信息为基础所作出的判断。上市公司通过利用会计政策和会计估计进行财务舞弊的方法较虚增利润和虚增资产两种舞弊手段而言更加隐蔽。会计政策和会计估计方法的选择在很大程度上依赖于企业财务人员的职业判断，倘若相关财务人员没有良好的职业道德，就会利用准则的灵活空间进行财务操纵，通常会在舞弊事发后，试图以会计差错更正的方式蒙混过关。此类舞弊手段种类多样，如使用不恰当的收入确认方法，提前或延后确认收入；选用不当的借款费用核算方法虚增资产；变更或选用不当的长期股权投资核算方法和合并政策来虚增利润；选用不当的存货计价方法和减值准备计提方法来虚增利润以及不当的调整会计估计依据的假设等。

（四）信息披露违规

信息披露违规是指上市公司故意掩饰交易或事实，对于重大事项延迟披露或隐瞒不披露，亦或是进行虚假陈述以误导外部投资者作出错误决策的舞弊行为。这种行为多以大股东掏空上市公司、内部人操纵股价以及企业为迎合新股上市融资、配股和增发条件或公司避免特别处理和退市等为驱动目的。会计信息的违规披露主要包括虚假陈述和重大遗漏两种情形。虚假陈述指上市公司财务报告披露的内容与事实不符。具体做法有篡改与重大或异常交易相关的会计记录和交易条款，虚假披露募集资金使用情况、虚假披露关联方销售或采购、虚假披露对外投资等①。另外，上市公司对一些重大担保事项和关联方交易常采取瞒报的方式，具体包括隐瞒股权或资产质押事项、隐瞒对外担保事项、隐瞒与关联方之间的资金往来以及涉及的法律诉讼等等。从当前上市公司违规披露来看，隐瞒关联交易与或有事项（尤其是预计负债）披露不完整是两种运用最为频繁的舞弊手段。

二、我国上市公司财务舞弊的识别

当前，我国资本市场上市公司舞弊现象频发，舞弊手段多样，舞弊的识别方法也随之不断扩充、完善。总的来说，可以从财务层面、企业经营层面、外部环境层面以及与外部机构的关系层面将财务舞弊的识别方法划分为以下四大类。

（一）财务层面

1. 业绩异常波动

由于当前我国证券法规定上市公司连续两年亏损就要被 ST，而连续三年亏损企业就会面临退市风险，所以很多上市公司就采用“洗大澡”的方法避免被 ST 或退市。所谓“洗大澡”，就是将报告年度的利润往以后年度推移或者在报告年度把以前年度虚增的利润冲掉。采用这种财务舞弊手段编制的财务报表通常会表现出巨亏微盈或巨亏巨盈的财务特征，企业以此避免连续亏损的情况出现。

2. 收入和费用比例异常

根据会计核算的配比原则，在一定会计期间内，收入和费用是应该相互配比的。对于一个处于成熟期的企业，收入和费用之间的金额比例通常会稳定在一定范围之内，如果二者比例严重失调，则要仔细分析其失调的原因。由于很多上市公司为了完成预定销售增长率、满足投资者对业绩的期望等原因常采用虚构交易的方式来虚

① 《中国注册会计师审计准则第 1141 号——财务报表审计中对舞弊的考虑》，2006

增收入从而虚增利润，但虚构交易的同时也需要虚假结转成本和虚假记录应该发生的销售费用等，如果参与舞弊人员经验不足或者不细心往往会顾此失彼，这样数据之间的关系就会发生异常，投资者可以据此异常信号，判断上市公司是否存在舞弊行为。

3. 会计政策、会计估计经常变更

会计核算要求贯彻一致性原则，即为了统一企业不同期间的会计信息可比，企业的会计政策及会计估计方法一旦选定，不得随意变更。会计政策变更主要分为法定变更和自愿变更两种，法定变更指的是企业根据法律、行政法规或国家统一的会计制度等要求变更；自愿变更指的是企业为提供更可靠、更相关的会计信息所做的会计政策变更。会计估计变更的情形包括：赖以进行估计的基础发生了变化或企业因为取得了新的信息、积累了更多的经验需要重新选择会计估计方法。一般情况下，除了国家政策法规规定外，企业很少变更会计政策与会计估计，而如果对其进行了变更，就必须有合理的理由。由于上市公司利用会计政策和会计估计变更可以调节利润，例如变更对应收账款计提坏账准备的方法来少提坏账准备等。因此，会计政策、会计估计是否经常变更或者是否合理变更是识别上市公司舞弊的重要线索。

（二）企业经营层面

1. 关联交易异常

倘若上市公司报告期的主要收入和利润都来源于关联方，通过众多重大关联交易实现了业绩的飞跃，那么就应当特别关注上市公司关联交易发生的时间、关联交易的定价规则、关联交易发生的目的等，以判断企业是否在会计年度快结束之时为完成预计的销售收入或利润目标而利用关联交易进行了财务舞弊，或者是通过关联交易以不等价交换来转移利润。有些上市公司不仅利用关联交易的不合理定价转移利润进行财务舞弊，还通过关联企业虚构销售业务从而虚增利润。通过关联方虚构销售业务通常表现为企业应收账款数额巨大且多来自关联交易，这种情况说明企业并没有真正流入现金，在第二个年度再将其冲销或转回即可，以此轻松调节当年利润的数额。

2. 组织结构异常

从上市公司的组织结构方面识别财务舞弊，具体包括考察内部控制体系是否形同虚设、是否建立了不必要的过于复杂的组织结构、是否存在异常的子公司等，这些都为识别财务舞弊提供了线索。为了使自己的舞弊行为不轻易被发现，舞弊企业常通过设置一些不必要的过于复杂的组织结构来增加识别舞弊的难度，例如通过远距离的子公司或分支机构进行利润操纵。投资者应该特别注意存在异常子公司的上市公司，因为通常子公司的信息不需要像上市公司那样详细公开，通过子公司进行财务舞弊往往隐蔽性更强，很多上市公司都是通过子公司来达到财务舞弊、欺瞒投资者的目的。

另外，鉴于高级管理人员对企业运营的重大影响，高管层的意图往往能左右公司财务报表的真实可靠程度，倘若上市公司高管有不良诚信记录、高管薪酬与企业业绩有重大关联、管理层处于或是高管层发生重大变化，这些都可能是企业管理层参与舞弊的信号或动机。投资者要十分警惕有此类现象的上市公司出现财务舞弊行为。

（三）与外部机构的关系方面

1. 频繁更换会计师事务所

统计显示，在我国如果没有特殊情况，一般公司和负责对其发表审计意见的会计师事务所都会保持相对较长时期的合作关系。上市公司频繁更换会计师事务所通常有两种情形，一种是上市公司主动提出更换会计师事务所，这背后的原因很可能是会计师事务所出具了“否定意见”或“无法表示意见”的审计报告，上市公司不接受这样的审计报告却没有游说成功，因此解聘当前会计师事务所。另一种情况是会计师事务所主动请辞，参与审计的注册会计师由于可以了解到上市公司几乎全部的财务信息和资料，再加上其自身具备的专业知识，也就相对于外部投资者而言拥有更多可靠的信息，更清楚上市公司的真实情况。当注册会计师发现被审计上市公司出现严重问题而担心诉讼风险时，就很可能作出主动解除业务合同的选择。因此如果上市公司无正当理由而频繁更换会计师事务所，有可能意味着上市公司存在财务舞弊行为。

2. 通过金融机构为关联方提供大额担保

当前，受到证监会处罚的多家上市公司都是因为隐瞒对外担保风险，没有披露或者没有如实披露其对外担保事项。我国商业银行对外贷款一般都要求贷款企业有其他企业为其提供担保，因此上市公司和其关联企业、控股股东之间常常因为互相提供担保形成了错综复杂的担保链，而整个担保链很可能因为其中的一家公司发生问题导致担保链上的全部企业不能幸免，所以这种担保风险是较大的。对外提供担保的另一个问题在于部分上市公司控股股东利用担保使上市公司成为其取款机，严重侵害投资者的利益，故投资者要对此提高警惕。

（四）外部环境方面

1. 外部经营环境剧烈变动

面对市场需求大幅较少、产品生产成本急剧上升、同业竞争不断恶化等外部经营环境的剧烈变动，企业往往会措手不及。面对这种外部的巨大压力，企业为了在同行业中脱颖而出给投资者留下良好的印象，很可能会美化报表，用没有明显衰退的经营业绩来显示其抵御外部风险的能力。如果上市公司所在行业整体陷入困境，很多企业都因经营环境变化而经营失败，那么，在这种情况下，如果某一上市公司的经营业绩并没有出现衰退的迹象甚至还一直保持稳健的增长，投资者就需要结合上市公司所在行业整体风险情况评价上市公司财务报表数据的真实性，仔细辨别可能存在的财务舞弊。

2. 与行业其他企业指标差异明显

一般来说，同行业公司经营模式类似，销售增长率、毛利率、资产周转率等指标不会存在太大的差异，如果考察的上市公司与同行业其他公司相比某项指标较异常，业绩表现过于亮眼，则需警惕其可能存在的财务舞弊风险。以毛利率为例，毛利率是衡量企业盈利能力的指标，毛利率越高则说明企业的盈利能力和控制成本的能力越强。如果企业所在行业比较成熟，则其所处市场环境、技术条件、经营状况不会出现巨大变动，企业的盈利能力一般不会有太大的波动，同时整个行业各个企业间的盈利能力也不会相差太大，因此该行业的毛利率就会稳定在某个相对固定的范围内。所以在相对成熟的行业中，如果一家上市公司的毛利率远高于其竞争者或者存在较大的波动，那么就要警惕该公司财务舞弊行为的存在。在新兴行业中，有些企业可能会凭借其特有的技术或经营优势获得较高的盈利能力，但随着行业的不断成熟，其优势会逐渐消失，整个行业的获利水平将基本相当，故如果某个企业的盈利能力长期远高于行业平均水平，则要考虑其背后是否可能是虚假的财务。

三、我国上市公司财务舞弊的动因

结合我国资本市场上市公司的财务舞弊现状，借鉴三因素理论，并结合其他相关理论对舞弊动因的具体划分方法，分别从企业内部和外部两个层面分析我国上市公司财务舞弊的压力、机会和借口。

（一）压力

1. 企业内部因素

（1）企业为成功上市融资的压力

我国日益繁荣和成熟的资本市场为更多的企业拓展了融资渠道，企业通过上市一方面可以获取低成本的权益资金，推动企业发展壮大，在资本市场的亮相也有利于企业提升自身形象和扩大知名度，另一方面，资本市场存在的巨大融资利益和暴富效应也不断吸引企业竞相寻求上市机会。当前我国证券监管机构正在推动我国新股发行由核准制向注册制转变，但由于目前相关法律法规尚未制定完善，新股发行仍严格执行核准制。在核准制下，上市公司在上市前必须满足规范运行及主体资格等条件，达到相关法规文件对企业财务业绩的要求。虽然2005年修订的《证券法》放宽了公司上市的条件，将“公司在上市前持续三年盈利且向股东分配股利”改为“具备持续盈利的能力”，但在《上市公司证券发行管理办法》中，仍然将“三个会计年度连续盈利”作为“具备持续盈利的能力”的衡量标准，鉴于证券市场的风险性，利润始终是企业首次公开发行上市的一个最基本的指标。因此，当前企业要想上市融资，就必须满足《证券法》规定的持续盈利要求。西方发达国家企业融资通常遵循“啄食”理论的顺序，即先内源融资，再债务融资，最后才选择股权融资。但当前我国由于股权融资成本低、信用制度和债券市场不发达等因素，企业普遍偏好股权融资，其次是债券融资，最后才是内源融资，呈现逆“啄食”顺序的现象。在这种背景下，我国企业对上市资格的争夺从未停止过，当意图在资本市场上“圈钱”并牟取暴利的企业自身业绩无法达到上市要求，无法满足上市条件时，通常就不惜动用财务舞弊的手段粉饰报表，虚增利润，从而实现上市目的。

（2）企业上市后再融资的压力

企业在成功上市后，随着经营的深入，可能会遇到由于资金缺乏、扩大经营或调整股权结构等而进行再次融资的需要，上市公司这时就需要进行再融资（配股）。与首次发行要求相似，《上市公司证券发行管理办法》对上市公司增发股票也作出了关于盈利的要求，即“上市公司最近三个会计年度连续盈利”，因此，同企业上市一样，已上市企业进行再融资的必要条件也必须是连年光鲜的财务数据和持续的盈利能力。另外，证监会规定“凡年度报告的利润实现数低于预测数20%以上的，除了要公开作出解释和道歉外，将停止发行公司两年内的配股资格。”上市公司为了不与盈利预测产生太大偏差，往往会进行财务造假，以避免处罚。可见，如果企业有在证券市场再融资的需求而业绩不达标特别是当业绩快即将达标时，就极有可能进行财务舞弊。因此，上市公司的财务舞弊行为往往也围绕取得增发和配股资格进行，管理层在这个过程中会运用各种会计手法操纵利润进行财务舞弊，以实现增发新股的目的。

（3）企业为避免退市的压力

2012年上交所、深交所发布的《关于完善上海证券交易所上市公司退市制度的方案（征求意见稿）》和《关于改进和完善主板、中小企业板上市公司退市制度的方案（征求意见稿）》规定上市公司连续2年亏损，将对其实施退市风险警示，连续3年亏损，将暂停上市，连续4年亏损，将终止上市。上市公司一旦得到退市风险警示，即进入“ST”的行列，在投资者看来，就意味着企业业绩下滑、盈利能力不佳，发展前景堪忧等等。因此，一旦被ST，上市公司股价一般都会应声下跌，从而直接影响公司配股、发行债券等资本运营，投资者会通过用脚投票的方式撤出资金，债权人则将进一步严格贷款政策，这些都会给管理层造成巨大的压力。如果连续三年“ST”，上市企业就意味着离退市不远。迫于利益相关者逐利和退市的压力，企业高管层通常会通过舞弊美化业绩来挽救企业，且在现实中，这种舞弊行为多集中发生在企业被ST的最后一年。因此，在当前退市制度下，亏损公司在资本市场上面临着极大的业绩压力，扭亏为盈是上市公司避免退市的最基本条件。总之，在资本市场硬性财务指标的管制下，“盈利”成为上市公司的不二选择，当企业的真实财务业绩达不到盈利指标要求时，企业为了保住资本市场的“一席之地”，就会产生财务造假的压力和动力。

（4）企业管理层面临的业绩考核压力

上市公司的高管薪酬一般都与其业绩挂钩，而业绩评价指标体系又主要由财务指标构成。在这种情形下，一方面，因为企业对管理层的激励机制与企业盈利指标密切相关，企业高管为了达到预期业绩目标以实现自身利益最大化，就会采取舞弊行为虚增资产、利润以达到美化经营业绩的目的，从而有效解除受托责任，赢取股东信任，实现薪酬最大化。在实践中，新上任的公司高管，常对当年财务报表采取“洗大澡”的方式将报表中的坏账及资产减值“清理”干净，以便第二年在报表中显示出显著改善的业绩。另一方面，倘若企业财务状况和盈利状况不稳定，通常说明企业可持续发展和资产保持能力较弱，经营状况不佳，极易陷入财务困境，不能为股东持续稳定的创造价值。在这种情况下，作为委托方的股东在企业财务不稳定时，就会作出更换管理层的决策，并从经理人市场上选择更合适的管理者，以维护自身利益。除此之外，当前作为有效解决所有者和管理者之间代理问题的股权激励制度被广泛地应用于上市公司，股权激励一方面可以将管理者利益统一于股东利益，从而推动管理者为实现股东价值最大化而尽职工作，有效缓解委托代理中产生的道德风险问题，但与此同时，也会诱使高管层过分关注企业股价走势，为拉动企业股价上市而采用激进的会计政策或是通过财务舞弊的方式实现企业业绩短期内的大幅拉升，而使自身的股票期权价值得到大幅提升。

2. 外部因素

上市公司舞弊的最大外部压力为地方政府繁荣地方经济的压力和诉求。企业上市的最终获益者通常不仅仅是公司本身和公司高管，还有地方政府。发展和繁荣地方经济、吸引投资是地方政府的职责，也是当前衡量地方政府工作业绩的重要指标，地方上市公司的数量一直是地方经济发展的标志性数据。企业上市，将为地方带来大量资金，带动上下游企业发展，为当地经济带来活力的同时，也将显著提升地方政府的税收收入，对地方政府来讲，本地上市公司越多、规模越大，地区生产总值、税收、就业状况就会越好。鉴于上市公司为地方发展带来的正外部性，使得多数地方政府都会对本地企业上市持大力扶持的态度，在很多方面给予企业优惠政策，甚至开通“绿色通道”省略相关的审核监管程序助推其上市，在这种情况下，企业的舞弊上市由于有着政府的庇佑而得以顺利完成。企业上市将会为地方经济注入资金和活力，提升地方政府政绩，上市公司和地方政府这种毛皮共存、互利共赢的关系使得地方政府往往竭尽全力帮助企业上市和再融资。企业也倾向于通过上市、做大做强以及提升经营业绩来与地方政府建立良好的政治联系，通过政治寻租得到财政补贴或是特殊优惠等经济利益。企业的这种寻租行为也可能推动企业进行财务舞弊，企业表现良好的业绩，使地方官员得到政绩上的实惠，再间接地施惠于企业。

（二）机会

1. 企业内部因素

（1）大股东集中持股，股权结构不合理

我国上市公司大股东集中持股的现象较为普遍，公司的控制权一般会掌握在少数大股东手中，大股东可以利用绝对控制权将上市公司的利益转移，但是，他们只按其持有的股权比例来承担相应的亏损责任。因此，上市公司虚增资产和利润等舞弊行为恰恰是大股东对上市公司利益的侵占。由于我国对中小投资者的保护力度弱，而且中小股东的自我保护意识和专业素质也不强，使得大股东主导和参与的财务舞弊很难被发现。另外，我国上市公司国有股“一股独大”现象普遍，持有国有股的各类行政机构或国有控股集团都可以以国有股股东的身份参与上市公司的经营管理决策，但是这些决策者们又不可能对因此而产生的后果承担责任，从而造成所有者责任缺位。国有股股东不但可以借自己的表决权优势控制股东大会，还可以通过董事会、监事会和经营管理机构中的“代理人”对上市公司实施全面控制，这就使得股东大会形同虚设，董事会和监事会无法正常发挥功能，独立董事有名无实，公司治理机制严重失衡，容易引发大股东对上市公司利益侵占的企业财务舞弊行为。因此，不合理的股权结构为财务舞弊提供了肥沃的滋生土壤。

（2）公司治理机制不完善，内部控制失效

除了由股权结构不合理产生的内部人控制问题导致股东对管理层的监督薄弱以及董事会对管理层的监督缺失，我国上市公司还普遍存在着监事会功能弱化、独立董事形同虚设以及内部审计制度不完善等一系列现象。而治理机制的不完备，直接导致了企业内控环境的脆弱和无效，在这样的内控环境下，企业的内部控制制度无法真正发挥监督经营者行为和防范经营风险的作用。

目前我国上市公司治理结构中董事会职能被弱化是普遍存在的现象。为了解决这一问题，我国大部分的上市公司聘请了独立董事，但是很多独立董事并不独立，他们在改善财务信息质量、维护公司利益等方面发挥的作用相当有限。另外，我国上市公司中董事长兼任总经理的现象相当普遍，高管人员的目标在于追求自身利益最大化，而董事会作为股东的代言人，应当追求股东利益最大化。但这种兼任导致了高管人员、大股东、董事利益的趋同，企业经营目标随之由股东利益最大化转向了高管层自身利益最大化。在公司高管人员缺乏监督约束的情况下，会更加容易提供虚假财务信息，侵害中小股东的利益，达到其自身目的。

监事会作为监督机构形同虚设。当前我国企业监事会监督作用的发挥也受到方方面面的制约，例如监事会缺乏独立性、监事缺乏责任心、监督力度不足、监督能力弱、监事不能及时获得信息、缺乏辅助工作机构和辅助工作人员、监事地位不高等诸多问题都导致了监事会监督职能的弱化。在这样的背景下，监事会不能对其他治理机构形成有效的监督，不能对大股东和管理层编造财务舞弊信息起到制约作用。

我国企业对内部审计制度普遍不够重视，当前，虽然大多数上市公司均设立了内部审计机构，但同监事会面临的窘境一样，由于隶属董事会或监事会，其独立性和权威性难以得到有效保障，企业内部审计机构的监督职能往往难以得到发挥。从内部审计机构人员构成上看，多数企业内审队伍多由财会队伍分离出来，人员知识结构比较单一，在未经过专业内审培训的前提下，基本无法起到事前预警、事中控制、事后评价的作用。

2. 外部因素

（1） 企业舞弊成本低

基于经济学的成本效益原则，理性经济人的一切行为决策都是在权衡成本和收益后作出的。当然，企业财务舞弊的行为决策也不例外，只有当舞弊收益显著大于且被发现和处罚的成本时，舞弊行为才会发生。具体到我国企业财务舞弊面对的处罚成本主要呈现出以下三个特点：

①民事处罚多，刑事处罚少。当前对我国上市公司的财务舞弊行为，一般以证交所的公开谴责为主，行政处罚相对较少。按照现

行法规，如果上市公司的操纵行为造成了公布的信息虚假，最终导致投资者受损，处理方案基本上是对上市公司及其负责人道义上的谴责、行政处分或有限的罚款，仅有极少数人被处以刑事处罚。

②对公司的处罚多，对责任人的处罚少。虽然舞弊企业的管理层才是舞弊实施的真正主体，但在当前的法律规范框架内，舞弊企业通常会受到证监会的严惩，但监管机构对相关责任人的追究和问责力度则较小。相对于舞弊上市公司为资本市场投资者带来的巨额损失，对舞弊上市公司责任人的处罚就显得尤为微不足道。

③只罚款，不退市。当前，对我国 IPO 企业财务舞弊的处罚方法是，在上市之前，倘若 IPO 企业主动识别并纠正其舞弊行为，就不会受到任何处罚，也不会影响其 IPO 申请；倘若在发审委审核环节发现了拟上市企业的舞弊行为，则会取消其上市资格，并对发行人的相关行为和直接责任人进行通报批评，但不会进行处罚；倘若企业成功 IPO 后，有关部门发现其上市前存在造假行为，也不会追溯对其进行退市处理。我国《证券法》规定“发行人不符合发行条件，以欺骗手段骗取发行核准...... 已经发行证券的，处以非法所募资金金额百分之一以上百分之五以下的罚款，对直接负责的主管人员和其他直接责任人员处以三万元以上三十万元以下的罚款①。”由此可见，我国现行对已上市公司通过财务舞弊骗取发行的既定事实，不进行“上市资格”的追溯调整，即不会对其作退市处理，只对其进行罚款处罚。至于罚款的金额，相较上市公司取得的巨大发行收益和相关责任人的巨额报酬，也是极其微不足道的，且罚款最终也会转嫁到无辜的股民身上。

（2）外部审计机构未能勤勉尽责

审计工作的质量直接关系到财务报表的可信性。审计准则规定，注册会计师应当通过实施恰当的审计程序就财务报表的真实性和公允性发表审计意见，出具恰当的审计报告，并在此过程中保持应有的职业谨慎和独立性。然而，会计师事务所和上市公司之间是一种

① 《中华人民共和国证券法》，2006

委托代理关系，上市公司是“委托人”，有权决定会计师事务所的选择、收费、续聘等事项。因此，企业在选择审计机构时，一方面会尽量降低成本，另一方面会优先选择最有可能出具无保留意见的事务所。事务所的经济来源和业务的持续性较多依赖于被审计单位时，事务所在一定程度上受制于被审计单位。因此很多审计机构在利益驱动和维持客户的压力下，作出违背职业道德和独立性的要求，为上市公司出具不实的审计报告，非但没有发挥应有的鉴证和监督职能，反倒对上市公司财务舞弊起到推波助澜的作用。倘若会计师事务所出于职业谨慎无法与审计客户就审计意见达成一致，就可能被审计客户撤换掉，因此，频繁更换审计中介机构，成为识别财务舞弊的一个重要方式。

会计师事务所作为上市公司外部审计机构，由于其不独立和不审慎主要会出现以下四个方面的问题：一是疏忽大意，未能保持应有的职业谨慎。即表面上看虽较为全面地执行了审计准则，但未能保持必要的职业怀疑态度，以至于让财务舞弊问题从眼皮底下逃过。二是未能全面履行审计准则，最为典型的问题是不按审计准则的规定，该履行的程序不履行，或即使履行往往也是走过场。三是向被审计单位妥协，不能坚持原则。为了不得罪被审计单位，对存在的问题睁一只眼闭一只眼，或者对一些问题不能坚持原则，与被审计单位讨价还价，最后是大事化小、小事化了，或者提示被审计单位如何掩盖问题。四是主动出谋划策，弄虚作假。为了满足被审计单位实施舞弊的需要，不惜违反法律法规和审计准则要求，协助被审计单位弄虚作假。

（3）保荐机构“只荐不保”

保荐机构的组成人员通常都是业内专家，都对财务信息的质量要求和技术处理方法心知肚明，但有些保荐机构却无视企业财务造假行为，这种严重丧失职业道德、为虎作伥的行为为社会广泛诟病。《证券法》第一百九十二条规定了保荐人的责任，保荐人出具有虚假记载、误导性陈述或者重大遗漏的保荐书，或者不履行其他法定责任的，责令改正，给予警告，没收业务收入，并处以业务收入一倍以上五倍以下的罚款；情节严重的，暂停或者撤销相关业务许可。

对直接负责的主管人员和其他直接责任人员给予警告，并处以三万元以上三十万元以下的罚款；情节严重的，撤销任职资格或者证券从业资格①。而《证券发行上市保荐业务管理办法》第七十九条的规定如下：发行人及其董事、监事、高级管理人员、证券服务机构及其签字人员违反法律、行政法规，依法应予行政处罚的，依照有关规定进行处罚；涉嫌犯罪的，依法移送司法机关，追究其刑事责任②。前者处罚未免太轻，而后者的规定也太笼统，对哪些应予处罚的行为未作具体规定，且二者的衔接不到位，不利于司法机关更好地把握其内涵和精神。因此保荐机构在企业IPO过程中在取得巨额保荐收益的同时，几乎不承担责任。所以，证券公司等保荐机构出于自身经济利益考虑，往往大力鼓励和鼓吹企业上市，却没有认真审查企业业绩是否达标，经营是否合规等相关重要的保荐事宜，致众多投资者利益于不顾，保荐机构与上市企业串通合谋以完成IPO的舞弊案例也屡见不鲜。

（三）借口

1. 企业内部因素

（1）机会主义和短期性的企业文化

基于企业的逐利本性和有限理性，在当前我国社会主义市场经济制度尚不完善的环境下，我国企业常表现出着眼短期，忽视长期，着眼一己私利，忽视集体及社会利益的特点。在这样的企业环境和企业文化的影响下，企业纷纷将目标定位在利润最大化、收益最大化、规模最大化，或是几年之内走出国门、走向世界，实现短期的跨越式发展。在这些理念的驱动下，企业的专注点已经不再是做好主业扎实发展，而是盲目跟风，到处投机，直接导致了企业机会主义和短期行为的盛行，进行财务舞弊以实现上市“掘金”或再融资的目的就是这种扭曲的企业文化影响下的结果。

---

① 《中华人民共和国证券法》，2006

② 《证券发行上市保荐业务管理办法》，2009

（2）管理层的侥幸心理

首先，由于企业管理者受股东委托具体负责企业日常经营活动和重要决策，因此，管理层较中小股东、董事、监事、独立董事以及中介机构对企业的经营状况、财务状况等信息掌握的更为全面、完整。基于这样的信息不对称，凭借其掌握的资源和信息，利用多重复杂手段，管理层会产生舞弊行为不被发现的“自信”和逃脱财务造假处罚的侥幸心理。其次，管理层作为企业的“总管”，即使在有内部控制的环境下，也往往具有凌驾于制度之上的权力和权威，使其借由此诱导或逼迫相关人员与其进行串通舞弊，而串通舞弊由于隐蔽性更强，且关乎所有参与人的切身利益，因此管理层通常认为自己不会被出卖或被举报，且被监管机构或中介机构识别的可能性小。最后，在当前的市场环境下，许多管理者已经充分意识到，多数承销商注重的是承销收益，会计师事务所注重的是客户保持，因此，在舞弊的道路上只要通过必要的利益协商，舞弊就可以蒙混过关或不被揭发。基于以上三点，管理层在权衡舞弊被查的风险和上市收益后，普遍存在“试试也无妨”的侥幸心理。

2. 外部因素

舞弊三因素中借口的外部影响因素指的是诚信缺失的社会环境。市场经济作为契约经济，诚信是其有序运行的基础和前提。但在当前我国经济转轨、经济结构调整的环境下，旧的经济秩序已经被打破，但是新的秩序尚未形成，许多法规制度和社会信用体系尚未真正建立起来。在这样的背景下，我国当前无论从企业还是从个人，从交易行为还是监管行为都存在着不同程度的失信现象，这在一方面加大了市场交易的成本，但更为重要的是，在诚信缺失的社会环境下，企业并不将“败德”的经营行为当回事儿，反倒追捧和效仿其他企业为追求经济利益而进行的违规、违信行为，从而进一步放大和加剧了整个社会的诚信问题。因此，在这样的恶性循环下，企业管理者就找到了舞弊的另一个理所当然的理由，即企业若在诚信缺失的市场环境下“洁身自好”，必然享受不到“失信经济”下的巨大利益。

第四章

农业类上市公司财务舞弊案例分析

农业类上市公司从广义上来说，包括农林牧渔业、农副产品加工和制造、农业饲料和肥料生产加工以及其他涉及农业的相关产业。根据证监会的统计，截至2014年6月30日，深沪两市农业类上市公司总计54家。从这些农业类上市公司所处地区和经营行业来看，可将其大致分为农产品加工与流通、畜牧业饲料加工业、水产品养殖业、种植业和林业等5个行业，其中农产品加工与流通业13家，畜牧业饲料加工业12家，渔业10家，种植业13家，林业5家和1家农林牧渔服务业，这54家企业大多数都是农工贸一体化公司，在整个农业生产链条中都同时从事种植、养殖或加工和农产品销售等多个环节的经营活动。但最近几年来，证监会相继查处了一系列财务舞弊的农业类上市公司，如2001年的银广厦，2002年的蓝天股份以及后来出现的紫鑫药业、绿大地、新大地，最近的万福生科造假案例等等，证监会都根据舞弊程度对上市企业及相关责任人进行了处罚。在当前我国资本市场尚不完善的背景下，相继有农业类上市公司铤而走险，作假财务数据，走上财务欺诈之路。农业类上市公司财务舞弊呈高发趋势，我国证监会也相继出台了一系列针对农业类上市公司的财务监管的法律法规文件。农业类上市公司的财务舞弊不仅会对资本市场的农业板块产生巨大冲击，还会危及农业企业在资本市场得以存在延续的信用基础，进而严重影响到资本市场优化农业基础资源配置这一基本功能的正常发挥。

一、绿大地财务舞弊案例分析

（一）企业概况

云南绿大地生物科技股份有限公司（以下简称“绿大地”）（股票代码：002200）始创于1996年，是一家资历较长的农业企业，主营绿化苗木种植、花卉的栽培与销售，园林景观及绿化工程的设计施工等。2006年，绿大地第一次申请深交所上市，结果以失败告终。一年后，即2007年，经中国证监会证监发行字［2007］450号“关于核准云南绿大地生物科技股份有限公司首次公开发行股票的通知”核准，公司在深圳证券交易所向社会公开发行2 100万股人民币普通股股票，法定代表人为何学葵。绿大地因此成为国内首家苗木绿化类上市公司①，也同样成为云南省第一家民营上市企业。2011年3月17日，绿大地控股股东、董事长何学葵因涉嫌欺诈发行股票、债券罪被公安机关逮捕，何学葵于次日公告称辞去公司董事、董事长职务。2012年1月6日云南省投资控股集团有限公司（以下简称“云投集团”）与原大股东何学葵签订《关于云南绿大地生物科技股份有限公司股份之附条件生效股份转让协议》，云投集团受让何学葵持有绿大地公司3 000万股股份，占公司总股本的19.86%，2012年2月15日，云投集团受让何学葵3 000万股已完成股权交割，云投集团成为绿大地公司控股股东②。

① 绿大地公司官方网站信息，http://www.yngreen.com/index.html

② 绿大地公司官方网站信息，http://www.yngreen.com/index.html

（二）舞弊事件经过及处理结果

1. 舞弊事件经过

绿大地舞弊事件的导火线要追溯到其 2010 年 1 月 30 日发布 2009 年度业绩预告修正公告，公告称由于气候干旱原因"公司预计 2009 年度归属于母公司所有者的净利润比上年下降幅度在 30% 以内①"，业绩修正前，即绿大地《2009 年第三季度报告》显示归属于母公司所有者的净利润预计比 2008 年增加 20% -50%，2008 年绿大地共实现净利润 8 676.79 万元②。据此推算，2009 年的修正前预计利润为 1.044 亿元，修正后预计仅为 6 073.75 万元。短短一个季度的时间，绿大地业绩大变脸，不仅由增幅变为降幅，增降间的变化比例最高达到 80%。业绩的突变引发了业内人士的广泛关注和质疑。随着《每日经济新闻》记者的一篇名为《"干旱门"戏耍机构？绿大地业绩变脸》文章的发表，绿大地舞弊事件正式曝光。2010 年 3 月，证监会正式就绿大地涉嫌信披违规展开调查，并于 2010 年 9 月将该案移送司法机关，2011 年 3 月，云南昆明当地公安机关正式逮捕了绿大地公司董事长何学葵。

调查发现，2004 -2007 年三年间，董事长何学葵等人开办多个银行账号控制资金流转，并通过伪造公文、文件、发票等，在招股说明书中合计虚增资产 7 000 万元，虚增 2004 年至 2007 年 6 月间的业务收入 2.96 亿元。2007 年成功上市后，绿大地一次性募集资金 3.46 亿元。但上市后的绿大地依旧没有"浪子回头"，反倒加快了造假的步伐。证监会对其开具的行政处罚书显示，绿大地在 2007 年年度报告中虚增资产 2 124 万元，虚增收入 9 660 万元；在 2008 年年度报告中虚增资产 1.63 亿元，虚增收入 8 565 万元；在 2009 年年

① 云南绿大地生物科技股份有限公司 2010 年第 1 季度报告补充及更正公告，巨潮资讯网，http：//www.cninfo.com.cn /finalpage/2010 -06 -17/58064059.PDF

② 云南绿大地生物科技股份有限公司 2009 年第三季度季度报告，巨潮资讯网，http：//www.cninfo.com.cn /finalpage/2009 -10 -30/57227716.PDF

度报告中虚增资产 1.04 亿元，虚增收入 6 856 万元①。2007 – 2009 年三年间，合计虚增资产 2.88 亿元，虚增收入 2.51 亿元。自 2008 年起的连续三年，绿大地更是频繁更换其财务总监和审计的会计师事务所。另外，绿大地也存在多项涉嫌伪造国家机关公文、证明文件、原始单据、会计凭证，隐匿、销毁会计资料的违法犯罪行为，舞弊金额巨大，性质恶劣。

2. 处理结果

2011 年 9 月，云南省官渡区人民法院就绿大地涉嫌欺诈发行股票一案进行公开审理，同年 12 月，法院作出一审判决。绿大地因犯欺诈发行股票罪，被判处罚金人民币 400 万元；董事长何学葵等五名绿大地公司高级管理人员因犯欺诈发行股票罪分别处以有期徒刑。其中，何学葵、原财务总监蒋凯西因犯欺诈发行股票罪，均判处有期徒刑三年、缓刑四年；原财务顾问庞明星、原出纳主管赵海丽、原大客户中心负责人赵海艳犯欺诈发行股票罪，分别判处有期徒刑二年、缓刑三年，有期徒刑二年、缓刑三年，有期徒刑一年、缓刑二年。上述审判结果公布后，引起社会各界广泛议论，纷纷对“重案轻判”提出质疑和不满，判决结果被指鼓励造假，广受诟病。2012 年 2 月，绿大地收到昆明市检察院《刑事抗诉书》，昆明市检察院认定原审量刑偏轻，2012 年 3 月，昆明市中级人民法院对绿大地造假案进行重新审理。

2013 年 2 月 7 日，昆明市中级人民法院对绿大地欺诈发行股票案作出判决，认定绿大地犯欺诈发行股票罪、伪造金融票证罪、故意销毁会计凭证罪，判处罚金 1 040 万元；公司原实际控制人何学葵被判处有期徒刑 10 年，蒋凯西、庞明星、赵海丽、赵海艳等人分别被判处 2 年 3 个月至 6 年不等的有期徒刑并处相应罚金。

2013 年 5 月，中国证监会发布对云南绿大地生物科技股份有限

---

① 中国证监会行政处罚决定书（云南绿大地生物科技股份有限公司、赵国权、胡虹等 12 名责任人），证监会官方网站，http://www.csrc.gov.cn/pub/zjhpublic/G00306212/201307/20130726_231829.htm?keywords=%E7%BB%BF%E5%A4%A7%E5%9C%B0.

公司的行政处罚决定书，决定：

①对绿大地在2007年、2008年、2009年年度报告中虚增资产、虚增业务收入的行为，责令绿大地改正，给予警告，并处以60万元罚款。由于司法机关已对绿大地在招股说明书中虚增资产、虚增业务收入的行为刑事处罚，不再行政处罚。

②对赵国权、胡虹、黎钢、钟佳富、普乐、罗孝银、谭焕珠、毛志明、徐云葵、陈德生给予警告，并分别处以30万元罚款。

③对郑亚光给予警告，并处以10万元罚款①。

同时决定撤销绿大地的审计机构——深圳市鹏城会计师事务所的证券服务业务许可②。罚没保荐机构联合证券2 400万元，四川天澄门律师事务所120万元，深圳鹏城会计师事务所120万元，取消涉案保荐人保代资格和证券从业资格，并对保荐人、注册会计师和律师处以证券市场终身禁入。这一处罚被称为证监会开出的“史上最严厉罚单”。

（三）舞弊的识别

1. 财务数据频繁变更

2009年10月到2010年4月，绿大地反复变更2009年预计利润数，从变动幅度上看，由预增20% －50%变为预降30%；从变动金额上看，由预增过亿变为巨亏1.5亿，其变动幅度之大、变动数额之巨令人咂舌。一年的净利润竟然在短短7个月内、在五份报告中反复变动，其中的差额高达近3亿，正是绿大地如此戏剧化的公告披露，引发了相关监管部门的注意，进而着手对其财务违规和造假问题进行调查。表4.1列示了绿大地2009年10月至2010年4月的净利润公告的情况。

---

① 中国证监会行政处罚决定书（云南绿大地生物科技股份有限公司、赵国权、胡虹等12名责任人），证监会官方网站，http：//www. csrc. gov. cn/pub/zjhpublic/G00306212/201307/t20130726_ 231829. htm? keywords = % E7% BB% BF% E5% A4% A7% E5% 9C% B0

② 中国证监会，财政部行政处罚决定书（深圳市鹏城会计师事务所有限公司）

表 4.1 2009 年 10 月至 2010 年 4 月绿大地净利润公告及其变化

时间	净利润公告情况
2009.10.30	发布《2009 年第三季度报告》 报告显示：归属于母公司所有者的净利润比上年增长幅度在 20% －50% 之间①
2010.1.30	发布《2009 年度业绩预告修正公告》 公告显示：公司预计 2009 年度归属于母公司所有者的净利润比上年下降幅度在 30% 以内②
2010.2.27	发布《2009 年度业绩快报》 快报显示：公司 2009 年度净利润为 62 116 195.36 元，较 2008 年下降 28.41%③
2010.4.28	发布《2009 年度业绩快报修正公告》 公告显示：修正后归属于上市公司股东的净利润为－127 956 790.80 元，较 2008 年下降－247.47%④
2010.4.30	发布《2009 年年度报告》 报告显示：归属于上市公司股东的净利润－151 233 832.05 元⑤

2. 高管频繁变动

从董事会成员变动来看，绿大地在 2007 年的招股说明书中披露的董事会成员共有 9 人，其构成分别是董事长何学葵、副董事长赵国权及董事胡虹、蒋凯西、黎钢、钟佳富以及三名独立董事普乐、谭焕珠、罗孝根。然而至 2011 年，仅有一名董事胡虹，一名独立董

---

① 《云南绿大地生物科技股份有限公司 2009 年第三季度报告》，巨潮资讯网，http：//www.cninfo.com.cn/ finalpage/2009－10－30/57227716.PDF

② 《云南绿大地生物科技股份有限公司 2009 年度业绩预告修正公告》，巨潮资讯网，http：//www.cninfo. com.cn /finalpage/2010－01－30/57560079.PDF

③ 《云南绿大地生物科技股份有限公司 2009 年度业绩快报》，巨潮资讯网，http：//www.cninfo.com.cn /finalpage/2010－02－27/57632314.PDF

④ 《云南绿大地生物科技股份有限公司 2009 年度业绩快报修正公告》，巨潮资讯网，http：//www.cninfo.com.cn /finalpage/2010－04－28/57884220.PDF

⑤ 《云南绿大地生物科技股份有限公司 2009 年年度报告》，巨潮资讯网，http：//www.cninfo.com.cn /finalpage/2010－04－30/57898828.PDF

事谭焕珠留任。可见，绿大地在2007－2011年五年间董事会成员发生了巨大变动，具体变动情况如表4.2所示。

表4.2　2007－2011年五年间绿大地董事会成员董事会成员变动情况

2007年		2008年		2009年		2010年		2011年	
姓名	职务	姓名	职务	姓名	职务	姓名	职务	姓名	职务
何学葵	董事长	何学葵	董事长	何学葵	董事长	何学葵	董事长	2011年3月辞职	
赵国权	副董事长	赵国权	副董事长	2009年9月辞职					
胡虹	董事	胡虹	董事	胡虹	董事	胡虹	董事	胡虹	董事
蒋凯西	董事	蒋凯西	董事	蒋凯西	董事	2010年5月辞职			
黎钢	董事	黎钢	董事	2009年9月辞职					
钟佳富	董事	钟佳富	董事	钟佳富	董事	2010年5月辞职			
普乐	独立董事	普乐	独立董事	2009年3月离任					
谭焕珠	独立董事	谭焕珠	独立董事	谭焕珠	独立董事	谭焕珠	独立董事	谭焕珠	独立董事
罗孝银	独立董事	罗孝银	独立董事	罗孝银	独立董事	2010年4月离职			
		2009年3月		郑亚光	独立董事	郑亚光	独立董事	郑亚光	董事长
		2009年9月		周观亮	独立董事	2010年5月辞职			
				2010年5月		王光中	董事	王光中	董事
				2010年5月		王跃光	董事	2010年11月辞职	
				2010年3月		黄文峰	独立董事	黄文峰	独立董事
							2011年2月	施赍宁	董事
							2011年2月	岳建	董事
							2011年2月	李鹏	董事
							2011年3月	柴长青	独立董事
							2011年4月	尹晓冰	独立董事

从监事会成员变动来看，绿大地在招股说明书中披露的监事会成员共有3人，其构成分别是监事会主席高中林、监事石廷富、职工监事王云川。而到2011年，监事会成员已经全部变更。因此，绿大地在2007－2011年五年间监事会成员也发生了很大的变动，具体变动情况如表4.3所示。

表 4.3　　2007－2011 年五年间绿大地监事会成员变动情况

2007 年		2008 年		2009 年		2010 年		2011 年	
姓名	职务	姓名	职务	姓名	职务	姓名	职务	姓名	职务
高中林	监事会主席	2008 年 10 月辞职							
石廷富	监事	石廷富	监事	石廷富	监事	石廷富	监事	2010 年 11 月辞职	
王云川	职工监事	王云川	职工监事	王云川	职工监事	2010 年 4 月届满离任			
		刘玉红	监事会召集人	刘玉红	监事会召集人	2010 年 6 月辞职			
				2010 年 7 月		张学星	监事会召集人	张学星	监事会召集人
				2010 年 4 月		王晓东	职工监事	王晓东	职工监事
						2011 年 2 月		张健	监事

从高管的变动来看，公司自 2007 年上市至 2010 年五年间，总经理和董事会秘书均变更三次、财务总监变更两次，绿大地的高管层的频繁更迭严重影响了公司组织结构的稳定，向外界传达了企业管理层混乱的不良信号。表 4.4 列示了在 2007－2011 年五年间绿大地高管层的变动情况。在这样不稳定的管理层结构下，企业难以保持经营决策的连贯执行，公司治理结构基本形同虚设，无法起到应有的约束和制约作用，这必为其舞弊提供机会和条件。

表 4.4　　2007－2011 年五年间绿大地其他高级管理人员变动情况

2007 年		2008 年		2009 年		2010 年		2011 年	
姓名	职务	姓名	职务	姓名	职务	姓名	职务	姓名	职务
毛志明	总经理	2008 年 10 月辞职							
蒋凯西	财务总监	蒋凯西	财务总监	蒋凯西	财务总监	2010 年 5 月被免去			
陈德生	副总经理	陈德生	副总经理	陈德生	副总经理	陈德生	副总经理	陈德生	副总经理
徐云葵	董秘	徐云葵	副总经理	徐云葵	总经理	徐云葵	副总经理	徐云葵	副总经理
		何学葵	总经理	2009 年 9 月由徐云葵接任					
		唐林明	董秘副总	唐林明	董秘副总	2010 年 4 月离职			
		李梦龙	副总经理	李梦龙	副总经理	2010 年 4 月离职			

续表

2007 年		2008 年		2009 年		2010 年		2011 年	
姓名	职务	姓名	职务	姓名	职务	姓名	职务	姓名	职务
				2010 年 5 月		王光中	总经理	王光中	总经理
				2010 年 5 月		王跃光	财务总监副总	2010 年 11 月辞职	
				2010 年 12 月		李鹏	财务总监	李鹏	财务总监
				2010 年 11 月		李钢	副总经理	李钢	副总经理

3. 三换审计机构

2007 年绿大地招股说明书和年报显示，公司聘用中和正信会计师事务所对企业财务报告进行审计并出具审计意见。但在绿大地上市后，从 2008 至 2011 年，却一年一变，三换审计机构。这种做法不由得让人质疑。因为据统计在正常情况下，会计师事务所与被审计单位的雇佣与被雇佣关系通常会保持在 4 年左右。绿大地的这种做法通常暗含企业与事务所关系紧张的信息，而这通常又是因为事务所想要规避审计风险或不愿向管理层妥协出具标准无保留的审计意见。表 4.5 列示了 2008 年至 2010 年绿大地审计机构的变更情况。

表 4.5　　2008 – 2010 年绿大地审计机构变化情况

时间	审计单位	审计费用	审计意见	变更原因
2008	中和正信	30 万元	无保留意见	鹏城会计师事务所工作安排
2009	中审亚太	50 万元	保留意见	中和正信与天健光华合并
2010	中准	50 万元	无法表示意见	中审亚太的工作安排

4. 大客户集中注销注册

绿大地的招股说明书中披露了 2004 – 2007 年各报告期的公司主要销售客户，其中包括昆明天绿园艺有限公司（以下简称“天绿园艺”）、昆明自由空间园艺有限公司（以下简称“自由空间园艺”）、昆明五华花卉经贸有限公司（后更名为“昆明润林园艺有限公司”，以下简称“润林园艺”）、昆明滇文卉园艺有限公司、昆明鑫景园艺工程有限公司（以下简称“鑫景园艺”）、昆明千可花卉有限公司等。绿大地招股说明书显示，公司上市前三年，其主营业务收入绝大部分来自于上述公司对绿化苗木和花卉的采购。然而在对绿大地的调查中发现，绿大地主要销售客户不仅与绿大地保持着紧密的交易关系，这些销售客户之间的关系也十分微妙。以润林园艺与鑫景园艺两大销售客户为例，持有润林园艺 80% 股份的控股股东也同时持有鑫景园艺 10% 的股权，二者向绿大地购买苗木金额合计高达 300 万元以上。但最蹊跷的是，在绿大地 2007 年成功上市后，天绿园艺、鑫景园艺、自由空间园艺这些三年间与绿大地有密切业务往来的大客户竟都不约而同办理了注销手续，并且公开的资料都查找不到这些公司注销的原因。这种现象极可能暗含着绿大地在上市前的销售收入存在暗箱操作和关联交易，甚至自买自卖的嫌疑。表 4.6 列示了绿大地 2004 – 2007 年大客户交易与注册情况。

另外，在绿大地上市成功后的 2009 年，公司发生了巨额销售退回事件。在 2010 年 4 月 30 日的信息披露中，绿大地公司确认了 2008 年主营业务退款额 0.23 亿元，2009 年主营业务退款额 1.58 亿元，这一销售退回几乎覆盖了当年的全部主营业务收入。再结合下游客户公司大量注销这一事实，基本可以判定绿大地公司在上市前三年利用虚构客户、关联方交易的手段虚增主营业务收入，以达到 A 股上市的条件。

表 4.6　　绿大地 2004 – 2007 年大客户交易与注册情况

客户公司名称	交易时间	交易金额（万元）	注册时间	注销时间
昆明鑫景园艺工程有限公司	2005	1 424.01	2004.07	2010.02
	2006	1 077.89		
	2007 上半年	754.71		
昆明滇文卉园艺有限公司	2004	876.71	2004.03	–
	2006	981.41		
	2007 上半年	672.48		
昆明自由空间园艺有限公司	2004	2 066.06	2002.11	2010.03
	2006	1 098.76		
	2007 上半年	660.68		

续表

客户公司名称	交易时间	交易金额（万元）	注册时间	注销时间
昆明千可花卉有限公司	2005	1 526. 33	2004. 09	-
昆明天绿园艺有限公司	2004	2 190. 56	2002. 07	2008. 04
	2005	1 107. 54		
五华花卉经贸公司	2004	2 025. 43	2005. 02	2008. 12
	2005	1 639. 15		
	2006	1 111. 75		
	2007 上半年	748. 28		
万朵园艺有限责任公司	2006	374. 77	2005. 11	2008. 06

（四）舞弊手段

1. 虚增收入

绿大地招股说明书显示，2004 年到 2007 年上半年，公司累计实现营业收入 6. 29 亿元。调查显示，其中虚增部分高达 2. 96 亿元，即绿大地上市前虚增收入占其报表列示总收入的 47%。其虚增收入的主要手段是虚构客户和关联方交易。

证监会调查结果显示，绿大地在上市前共注册过包括云南红星投资有限公司、昆明晓林园艺工程、鑫景园艺等 35 家关联公司，这些公司中有绿大地通过收购兼并的公司，如前述的鑫景园艺；更有绿大地以员工的名义注册的公司，通过盗取员工身份证信息，在员工不知情的情况下注册的企业。绿大地通过这些实际控制的公司，以过自体资金循环的方式，随意设计编造各报告期需要的财务数据。具体而言，绿大地以其支付土地购置款、工程项目款等多种名义转出资金，再利用其控制的相关账户进行资金流转，生成销售收入后再转回企业。正如绿大地原董事长郑亚光所述，以公司购置一块土地为例，实际耗费可能只有 1 000 万元，但在账面上反映的是公司总共花了 1 亿元，绿大地再通过注册的关联公司进行关联交易后，将虚增的 9 000 万元套出用于购置公司的苗木，通过这种方式，这

9 000 万元就以主营业务收入的形式重新流回了企业，如此一来，可以使得企业资产、收入和利润同时实现虚增。

2. 虚增资产

绿大地虚增资产主要通过虚增存货、虚增固定资产、虚增无形资产等手段实现。

（1） 虚增存货

绿大地招股说明书显示，截至 2007 年 12 月 31 日，企业总资产 4. 49 亿元，流动资产 2. 82 亿元，其中存货项目 1. 83 亿元，占总资产比例为 41%，占流动资产比例高达 65%。绿大地 2007 年财务报告显示，其存货共分为消耗性生物资产、原材料、农业生产成本（前期费用）、农用材料、低值易耗品、工程施工等六大类，其中“消耗性生物资产”，即绿化苗木是存货的最主要组成部分①。公司核心资产为消耗性生物资产——绿化苗木，报告显示“截止到本报告报出之日，公司的绿化苗木长势良好，未受到旱灾、水灾、虫灾等自然灾害的影响，未发生跌价情形，盈利情况良好②。”由此可以看出，绿大地未对其存货计提任何减值准备，但同期其他园林类上市公司都不同程度地计提了减值准备，因此，无论从苗木的现实特性，还是从行业比较来看，绿大地不对存货计提减值准备的行为都是不合理的。

（2） 虚增固定资产

2010 年 4 月 30 日，绿大地发布其 2010 年第一季度季度报告，报告显示其固定资产额为 2. 44 亿元。2010 年 6 月 17 日绿大地发布了《2010 年第一季度报告补充及更正公告》，公告显示，绿大地 2010 年第一季度的固定资产额多计 5 983. 67 万元，实际应为 1. 84 亿元。对此事件，绿大地给出的解释是由于“账务处理的原因”将北京分公司的固定资产包含在了本部报表中，即在合并报表的过程中对该资产计算两次，造成了固定资产项目价值虚增。表 4. 7 汇总

① 云南绿大地生物科技股份有限公司 2007 年年度报告，巨潮资讯网，http: // www. cninfo. com. cn /finalpage/2008 - 02 - 19/37373295. PDF

② 云南绿大地生物科技股份有限公司 2007 年年度报告，巨潮资讯网，http: // www. cninfo. com. cn /finalpage/2008 - 02 - 19/37373295. PDF

列示了绿大地上市前后的资产虚增情况。

表 4.7　　绿大地上市前后的虚增资产情况　　单位：万元

资产项目		虚增金额
上市前	购买马龙县土地 960 亩	900
	购买马鸣乡土地 3 500 亩	3 190
	马鸣基地土壤改良	2 124
	马鸣基地灌溉系统、灌溉管网	797
上市后	购买马龙县月望乡 9 000 亩土地使用权	8 370
	月望基地灌溉系统	3 438.02
	购置广南林地使用权	10 407.06

（3）虚增土地使用权

此外，绿大地公司土地价值也是不准确的。绿大地公司总部位于昆明市经济技术开发区内，属于昆明市比较偏远的郊区，公司建设时地价为 20 万元每亩，但是在绿大地的财务报表上却显示为 100 万元每亩。上市前的 2004 年至 2007 年 6 月间，绿大地使用虚假合同、财务资料，虚增马龙县旧县村委会 960 亩荒山使用权、马龙县马鸣乡 3 500 亩荒山使用权以及马鸣基地围墙、灌溉系统、土壤改良工程等项目的资产共计 7 011.4 万元。以绿大地公司的固定资产“马鸣基地”为例。报表显示，该基地共有面积 3 500 亩，但是其围墙作价为 686.9 万元。由此可以计算出，该基地围墙每米作价高达 1 268.86元。另外，绿大地公司在“马鸣基地”有三口深水井，报表显示其总价为 216.83 万元，由此计算可知每口井的单价逾 72 万元。但是另有数据显示，绿大地公司在“金殿基地”的一口深水井报价仅为 8.13 万元。两地的深水井报价存在如此巨大的差异，其中必有玄机。

2004－2007 年，绿大地以虚增土地使用权的方式合计虚增无形资产近 4 000 万元。具体有以下几项交易：2004 年 2 月，绿大地支付 955 万元用于购买云南省马龙县 960 亩土地，经调查，此宗交易实际仅需 50 余万元，因此绿大地虚增土地交易成本约 900 万元；另有 2005 年 4 月，绿大地共支付土地款 3 360 万元用于购买云南省马鸣乡 3 500 亩土地，经调查，这块土地的市场交易价格仅为 170 万元，因此，绿大地在马鸣乡土地购置交易中，虚增资产 3 190 万元；再有，2007 年，绿大地实施马鸣基地土地改良，又以此种方式虚增资产 2 124 万元，同年 6 月，马鸣基地灌溉系统、灌溉管网价值被多计约 800 万元。

在上市之后，绿大地并没有停止其虚增土地使用权的步伐。调查结果显示，仅 2008 年，绿大地披露的马龙县月望乡 9 000 亩土地使用权就虚增价值 8 370 万元，同年，购建月望基地灌溉系统虚增价值 3 438 万元。2009 年，绿大地财务报告披露的购置广南林地使用权价值 1. 1011 亿元，经鉴定该地仅值 604 万元，绿大地虚增其价值高达 1. 0407 亿元。

（五）舞弊动因

1. 压力

（1）企业内部因素——上市压力

上市融资对每个企业来说都有着巨大的吸引力。鉴于证券市场融资能力和风险承受能力有限，各国政府都对企业上市作出了严格规定。目前在我国，企业在 A 股上市前必须满足连续三年盈利的条件，也正因如此，很多企业铤而走险，采用舞弊手段调增上市前财务数据和报表。证监会对绿大地的调查结果显示，绿大地上市前三年连年亏损，根本达不到连续三个会计年度盈利的上市资格要求，为能成功上市，在董事长何学葵、财务总监蒋凯西等人的组织策划下，通过前述虚增收入和虚增资产的手段，共虚增收入近 3 亿元（占总销售收入近一半）。上市后，绿大地一次性募集资金 3. 5 亿元，一跃成为我国资本市场中苗木绿化类企业的龙头，与此同时，董事长何学葵的身价也随之飞涨，于 2009 年成功跻身胡润富豪榜。如此在上市财务指标的硬性约束下，在上市圈钱的强烈需求和推动下，绿大地对多个报告期进行财务造假就不难理解了。

（2）外部因素——地方政府政绩工程推动

表面上看，在政企分开的背景下，政府与企业的关系是相互独立的，尤其是政府与民营企业更是如此。然而，由于上市企业不仅能够通过扩大生产规模提升业绩进而为地方税收作出更大贡献，同时能够极大地提升企业及企业所在地的知名度，为地方经济注入活力。因此，上市企业的数量多少在很大程度上成为考察政府政绩的一部分，地方政府也因此通常会为企业上市大开绿灯，甚至主动疏通与有关审查部门的关系。具体到本案例，暂且不说当年政府部门如何让绿大地带病过关通过审查，单就案发之后的各种迹象看，地方为保护企业可谓不遗余力。就在何学葵被捕前，绿大地还曾以公司名义向云南省政府书面求援，在案发前后，有关地方领导也曾多次赴京，与证监会高层会晤，为绿大地说情。调查人员也因此面临很大阻力，使得整个调查过程非常艰难。正因如此，绿大地充分享受了地方政府利益驱动的好处，并在其保护和袒护之下大肆进行财务舞弊，但最终没能逃过法律的严惩。

2. 机会

（1）企业内部因素——公司治理机制不完善

只有健全有效的公司治理机制和完善的风险评估和监督制约机制，才能保证企业运行安全高效，防止财务舞弊的发生。从治理结构上看，绿大地具有明显的“一股独大”的特点。原董事长何学葵持有绿大地股份高达30%，其他股东在公司上市后还存在减持现象，表4.8列示了绿大地原始股东持股变动情况，表4.9列示了2011年股东持股情况。到2009年，何学葵一人兼任董事长和总经理两个职务，从2010年4月开始，董事会秘书也由其兼任，由此可见，绿大地原董事长何学葵在公司治理结构中扮演了极其重要的角色，整个公司都在她的掌控之中，权力丝毫没有得到分散与制衡。另外，绿大地公司高管变动频繁，这既是公司内部结构不稳定的表现，也是公司财务存在问题的信号。至财务舞弊案发时，公司最初的董事会成员仅存三人，而公司监事会成员则全部换血，财务总监等高级管理人员变更频繁。同时结合绿大地股东持股及其变动情况可知，绿大地在“一股独大”的股权结构下，董事长垄断了绿大地的监督管理和控制权，董事会、监事会在内部人控制的环境下也难以发挥内部监督的作用。公司治理结构的严重扭曲直接导致了企业财务监督在治理层面的缺失，进而使得财务舞弊行为不能在企业内部得到有效抑制。

表 4.8　　绿大地原始股东持股情况变动表

<table>
<tr><th></th><th>时间</th><th>股权变动事宜</th></tr>
<tr><td rowspan="4">上市初持有公司5%以上股权变动</td><td rowspan="2">2009. 2. 20 – 2009. 8. 4</td><td>绿大地第二大股东出售占公司股本 5.00% 的流通股 7 554 493 股</td></tr>
<tr><td>公司股东北京歌元投资咨询公司出售占公司股本 1.938% 的公司流通股 2 927 430 股</td></tr>
<tr><td>2009. 8. 4 – 2009. 9. 11</td><td>公司股东北京歌元投资咨询公司出售占公司股本 1.565% 公司流通 2 364 947 股</td></tr>
<tr><td>2010. 11. 11</td><td>公司股东中国科学院昆明植物研究所出售公司股份 1 300 000 股</td></tr>
<tr><td rowspan="3">财务总监蒋凯西股权变动</td><td>2008</td><td>持有股份由 1 900 000 降至 1 843 000 股</td></tr>
<tr><td>2009</td><td>持有股份由 1 843 000 变至 3 028 214 股</td></tr>
<tr><td>2010</td><td>持有股份由 3 028 214 降至 2 498 214 股</td></tr>
</table>

表 4.9　　2011 年绿大地股东持股情况

股东名称	股东性质	持股比例（%）	持股数量
何学葵	境内自然人	28. 63	43 257 985
封向华	境内自然人	4. 00	6 044 532
云南省红河热带农业科学研究院	国有法人	3. 98	6 006 788
中国科学院昆明植物研究所	国有法人	3. 46	5 224 741
全国社会保障基金理事会转持二户	国有法人	2. 50	3 780 000
深圳市殷图科技发展有限公司	境内非国有法人	2. 38	3 600 000
四川万佳投资有限责任公司	境内非国有法人	1. 46	2 212 819
沈琼	境内自然人	0. 96	1 455 043
蒋凯西	境内自然人	0. 83	1 249 107
苑玉嵩	境内自然人	0. 40	610 920

（2）外部因素

第一，中介机构失职。在我国，企业上市需要通过保荐机构、会计师事务所、律师事务所等中介机构的审核并对其出具合规合法的报告，并以此中介机构独立的外部监督作为企业上市的前期保障。分析绿大地的财务舞弊不难发现，其舞弊手段司空见惯，投行的专业人士、注册会计师、律师只要保持应有的职业谨慎必能发现其中端倪。由此绿大地虚假的IPO，中介机构难以脱离干系。没有这些中介机构的配合，舞弊企业想要上市几乎是不可能的。证监会对绿大地舞弊案件的调查结果显示，中介结构未能尽责，存在注册会计师和保荐代表人根本没有实地考察企业运营状况的情形。由于中介机构没有深入尽职地查证IPO材料的真实性，从而为绿大地的财务造假提供了可乘之机。

第二，舞弊成本低。绿大地舞弊案件事发后，公司被罚400万元，何学葵，赵海艳，蒋凯西，赵海丽等人被处有期徒刑1－4年不等，同时予以缓刑执行，这些舞弊责任人均未受到罚款的处罚。对绿大地的判决与其虚增1.96亿元收入和IPO募集资金3.46亿元相比微不足道，对比对投资者造成的巨额损失和对资本市场造成的恶劣影响，这样的判罚很难对后来的舞弊企业起到真正的威慑作用，同时也严重打击了投资者对资本市场的信心。相较企业成功IPO后的巨额融资收益，过于低廉的造假成本，使得舞弊的惩戒机制根本无法发挥其警示作用，上市公司财务舞弊行为在这样的机制下也必然难以遏制。这也反映了我国的法规存在多方面的问题，一些急需的法规未出台，而一些陈旧的法规仍未更新，这在一定程度上造就了无法可依的状况。

3. 借口

绿大地的欺诈上市、上市后对收入和资产的频繁操纵以及五变利润公告无不凸显了其管理层的不诚信。无论是其上市后继续造假步伐还是在接受行政处罚后不知悔改均体现了管理者经营道德和个人素养的缺失。绿大地董事长被捕，导致公司停牌、股价一落千丈，众多投资者特别是中小投资者为此蒙受了巨额损失，中小投资者作为信息的劣势方，即使具备专业的财务知识和分析能力，仍然无法对管理层的道德操守作出有效判断。因此，当投资者为这样的一个企业“买单”后，就会对整个行业失去信心，于是拒绝买入该行业的股票，从而影响到整个行业的融资效率。

二、华阳科技财务舞弊案例分析

（一）企业概况

山东华阳科技股份有限公司（以下简称“华阳科技”）（股票代码：600532）于1999年设立，2002年10月成功上市。华阳科技上市至今，主营业务发生了巨大变化，2012年12月17日前主营业务为农药化工业务，自2012年12月17日起变更为采矿业的投资、开发、管理，2013年8月28日变更经营范围：采矿业的投资、开发、管理；矿产品销售；矿山设备及备件备品的购销；采选矿技术服务；进出口业务①。本案例探讨的是华阳科技2010年的财务舞弊，其主营业务仍是农用化工和精细化工，公司上市初曾经是中国农药行业的龙头企业，其主打产品“神龙丹”一度声誉海内外，市场前景广阔。但自2002年至2010上市八年间，华阳科技在行业排名一度沦落至百名以外，并因业绩连年亏损而被迫走向重组，但重组不成反被告上法庭。2010年，华阳科技因涉嫌会计核算和信息披露等方面的违规问题被山东证监局立案调查。

（二）舞弊事件经过及处理结果

1. 舞弊事件经过

华阳科技自上市以来一直因为经营管理不善饱受业绩的困扰，2008年金融危机的到来，无疑使其更是雪上加霜。2009年，华阳科技披露的年报显示其2008年全年亏损7 300余万元，并因此走上了重组的道路。2008年12月15日，华阳科技发布公告称，华阳集团

① 《山东宏达矿业股份有限公司2013年年度报告》，巨潮资讯网，http://www.cninfo.com.cn/finalpage/2014-03-08/63649950.PDF

拟转让所持华阳科技全部58 272 309股国有股①。2009年5月6日华阳科技公布了股权公开受让资格条件，意向受让方应在提交受让申请的同时向华阳集团支付缔约保证金人民币5 000万元②。2009年5月12日，华阳集团在山东产权交易所发布公告公开招标，曼哈顿多元集团（以下简称“曼哈顿”）成功摘牌。此次交易为华阳集团以每股3.31元的交易价格转让其25.1%的股权。但在2010年5月10日，曼哈顿将华阳集团及其实际控制人宁阳县国有资产管理局起诉至黑龙江省高级人民法院，诉请退还保证金，并承担擅自动用保证金的违约责任，支付经济损失费用5 010万元。2010年9月，华阳科技收到证监会山东监管局通报，因该公司涉嫌在大股东资金占用、会计核算不规范和信息披露等方面存在违规行为，山东监管局决定对其进行立案调查。

2. 处理结果

2012年8月1日，华阳科技收到证监会行政处罚书，依据《证券法》第一百九十三条的规定，证监会决定：

（1）对华阳科技给予警告，并处以30万元罚款；

（2）对刘敬路（董事长）、闫新华（总经理）给予警告，并分别处以8万元罚款；

（3）对范伟（财务总监）给予警告，并处以5万元罚款；

（4）对周忠（董事）、李德军（董事）、王开运（董事）、罗海章（独立董事）、高杰（独立董事）、李庆新（独立董事）、刘福军（董事）、宋东升（董事、副总）、张辉玉（独立董事）、黄昌存（财

① 《山东华阳科技股份有限公司关于国有股转让进展情况的公告》，新浪财经，http：//vip. stock. finance . sina. com. cn /corp/view/vCB_ AllBulletinDetail. php？ stockid =600532&id =381096

② 山东华阳科技股份有限公司关于控股股东拟协议转让公司股份公开征集受让方的公告，新浪财经，http：//vip. stock. finance. sina. com. cn/corp/view/vCB_ AllBulletinDetail. php？ stockid =600532&id =427235

务总监）给予警告，并分别处以3万元罚款①。

（三）舞弊的识别

1. 关联交易活跃

华阳科技的第一大股东为山东华阳农药化工集团有限公司（以下简称“华阳集团”），华阳集团为山东省大型国有企业。调查显示，华阳科技与其母公司华阳集团的关联交易十分活跃且频繁。华阳科技2007年年报显示，其货币资金共3.3亿元元，短期借款3.1亿元，长期借款0.56亿元②。由此可见，其货币资金几乎全部来源于银行借款，而就在华阳科技自身流动资金捉襟见肘之时，还在当年借款3 000万元给华阳集团，这很不合情理，存在转移企业资金、伙同大股东财务舞弊的嫌疑。另外，2008年华阳科技曾以4 200余万元购买华阳集团部分土地使用权。在2009年，华阳集团出售废水治理项目给华阳科技，而这一项目的评估价值约3 000万元。不难看出，华阳科技在2007－2009年三年中，在自身财务状况并不乐观的背景下，不断通过借款、购买等方式向华阳集团大量转移资金，这种不正常的现象不禁引起投资者怀疑。

2. 高管频繁变动

2009年下半年，华阳科技替换了包括董事、监事和高管在内的9人。具体为：2009年6月，华阳科技董事长刘敬路辞职；7月副总经理柳宏芳辞职；8月副总经理李鹏、梁孝生辞职，10月董秘周忠及另一位副总经理高建民也办理了内退手续。在如此短的期间里，公司几乎所有高管都发生了变更，这通常昭示了企业内部控制和治理机制基本失灵，企业财务稳健性和经营稳定性都无法得到保证。

---

① 中国证监会行政处罚决定书（山东华阳科技股份有限公司、刘敬路、闫新华等14名责任人），证监会官方网站，http：//www. csrc. gov. cn/pub/zjhpublic/G00306212/201303/t20130321_ 222509. htm? keywords =% E5% 8D% 8E% E9% 98% B3% E7% A7% 91% E6% 8A% 80

② 山东华阳科技股份有限公司2007年年度报告，巨潮资讯网，http：//www. cninfo. com. cn/final page/2008

在这样的情况下，企业内部监督无法发挥作用，财务舞弊的可能性大大增加。

3. 大股东占资问题严重

华阳科技披露的2009年控股股东及其他关联方占用资金情况的专项说明显示，其关联方涉及其控股股东华阳集团、七家同受华阳集团控制的兄弟公司、两家受华阳科技控制的子公司以及一家联营企业。2009年，关联方合计对华阳科技占资1.36亿元，而华阳科技2009年的年报显示，其流动资产余额为4.6亿元，因此关联方合计占资占流动资产比例高达30%。大股东和关联方大规模占资，一方面影响企业自由现金流，不利于企业发展，另一方面，也为企业通过操纵资金的借贷、调整企业资产负债规模提供了舞弊的可能。表4.10列示了华阳科技的主要关联方及其占资情况。

表4.10　华阳科技的主要关联方及其占资情况　单位：万元

关联关系	关联方	占资情况
控股子公司	宁阳鲁邦正阳热电有限责任公司	13 116
	西安华阳化工科技有限公司	205
同一控制	宁阳县利丰化学品有限公司	136
	宁阳县华阳化工有限公司	103
	宁阳县华阳化工机械有限公司	51
	宁阳县华阳运输有限公司	29
	宁阳县华阳肥料有限公司	8
合计		13 648

（四）舞弊手段

1. 违规披露

（1）隐瞒与关联方的非经营性资金往来

2008年3月10日，华阳科技向华阳集团划转资金963万元，由于此笔资金在300万元以上，且超过华阳科技最近一期经审计净资产绝对值的0.5%，按规定，华阳科技应对此进行披露，但华阳科技未及时对外进行披露。2008年1月1日至2010年8月31日，华阳科技与华阳集团频繁发生非经营性资金往来，华阳科技共向华阳集团划转资金79次，累计金额6.12亿元；华阳集团向华阳科技划转资金59次，累计金额6.11亿元。华阳科技对如此大额和频繁的资金划转情况均未进行法定披露。无独有偶，2008年1月16日，华阳科技向华天化工划转资金530万元，此笔按规定需要依法披露的重大关联事项，华阳科技依旧未在年报中披露。2008年1月1日至2010年8月31日八个月间，华阳科技与华天化工同样发生了频繁的非经营性资金往来，华阳科技向华天化工共划转资金11次，累计金额1 138万元；华天化工向华阳科技划转资金15次，累计金额1 238万元。华阳科技对这些资金往来划拨均未及时进行披露。

2008年1月1日至2008年6月30日半年间，华阳科技合计向华阳集团和华天化工共划转资金24次，共计3.13亿元；华阳集团和华天化工共向华阳科技划转资金23次，共计2.36亿元。2008年1月1日至2008年12月31日一年间，华阳科技向华阳集团和华天化工共划转资金52次，共计4.49亿元；华阳集团和华天化工向华阳科技共划转资金40次，共计3.89亿元，此类交易均未在华阳科技2008年半年报和年报中进行披露。此类关联企业的非经营性资金往来并非仅出现在2008年，2009年和2010年华阳科技也出现了大额大量的此类交易。2009年，华阳科技向华阳集团和华天化工共划转资金33次，合计1.3亿元；华阳集团和华天化工向华阳科技共划转资金20次，合计1.27亿元。2010年，华阳科技向华阳集团划转资金4次，合计2 490万元；华阳集团向华阳科技划转资金14次，合计1.07亿元。2008年至2010年三年间，华阳科技通过与华阳集团、华阳化工频繁进行非经营性资金往来的方式实现了对财务数据的操纵和管理①。

（2）隐瞒关联交易

① 中国证监会行政处罚决定书（山东华阳科技股份有限公司、刘敬路、闫新华等14名责任人），证监会官方网站，http：//www.csrc.gov.cn/pub/zjhpublic/G00306212/201303/t20130321_ 222509.htm？keywords =% E5% 8D% 8E% E9% 98% B3% E7% A7% 91% E6% 8A% 80

华阳科技还通过隐瞒与关联方经营性管理交易的方式进行盈余操纵和财务舞弊。2008 年，华阳科技时任总经理韩畅巨和副董事长兼总经理闫新华曾分别担任华天化工的法定代表人和董事长，据此可以判断，华阳科技与华天化工构成关联方。2008 年上半年，华阳科技向华天化工销售氯气等原材料合计金额 122 万元，2008 年合计与华天化工发生关联交易 211 万元。2009 年上半年，华阳科技与华天化工的关联交易额合计 10 万元，2009 年合计与华天化工发生关联交易 24 万元。华阳科技在其半年报和年报中均未对与华天化工的关联交易进行披露和相关说明。此外，韩畅巨还和时任华阳科技监事的石秀明曾分别担任泰安华秦化工有限责任公司（以下简称华秦化工）的法定代表人和董事长，因此，华阳科技与华秦化工也构成关联方。2008 年上半年，华阳科技从华秦化工采购乳化剂等原材料，并向华秦化工销售溶剂油、甲醇等材料，合计往来金额 127 万元，2008 年合计与华天化工发生关联交易 148 万元。2009 年，华天科技与华秦化工发生关联交易额 102 万元，2010 年上半年，与华秦化工发生关联交易额 155 万元。华阳科技也未在其半年报和年报中对与华秦化工的关联交易进行披露和相关说明。表 4. 11 列示了华阳科技 2008 年至 2010 年间存在的有关隐瞒关联交易的违规披露行为①。

表 4. 11　　华阳科技 2008 –2010 年关联交易的违规披露情况

	事项	是否关联方关系
2008 年半年度报告	未披露向华天化工销售氯气等材料 122 万元，从华秦化工采购乳化剂等原材料，向华秦化工销售溶剂油、甲醇等材料，共计 127 万元	是
2008 年度报告	未披露与华天化工 211 万元的关联交易，与华秦化工的 148 万元关联交易	是

① 中国证监会行政处罚决定书（山东华阳科技股份有限公司、刘敬路、闫新华等 14 名责任人），证监会官方网站，http：//www. csrc. gov. cn/pub/zjhpublic/G00306212/201303/t20130321_ 222509. htm？keywords = % E5% 8D% 8E% E9% 98% B3% E7% A7% 91% E6% 8A% 80

续表

	事项	是否关联方关系
2009 年半年度报告	未披露与华天化工 10 万元的关联交易，与华秦化工 78 万元的关联交易	是
2009 年年度报告	未披露与华天化工 24 万元关联交易，与华秦化工 102 万元的关联交易	是
2010 年半年度报告	未披露与华秦化工 155 万元的关联交易	是

2. 虚减负债

除了隐瞒与关联方的非经营性资金往来和关联交易外，华天科技还采取了少计负债的方式来虚增净资产以达到美化财务报表的目的。2008 年 6 月，华阳科技发生一笔总额为 3 580 万元的银行借款，但未及时入账。直到 2009 年 4 月才将其计入会计记录，从而造成 2008 年度财务报告的负债虚减，净资产虚增，成功掩盖了企业财务风险。与此同时，少计负债，还间接地减少了企业支付的利息等财务费用，以此实现了虚减费用、虚增利润的目的。

（五）舞弊动因

1. 压力

（1）企业内部因素——企业绩效评价过分注重财务指标

华阳科技的绩效评价指标中，财务指标占比 80% 以上，这就对企业管理人员起到了“用数字和业绩说话”的导向作用。在这种业绩评价体系下，企业管理层必然会追求短期业绩最大化，忽视企业长远发展，这种短视行为和急功近利的思想，必将导致管理人员不惜进行财务造假，以达到业绩评价指标要求，从而实现自身薪酬最大化以及自身职位的快速提升。因此，在以财务指标为核心的绩效评价体系下，十分容易因为评价内容的片面导致企业忽视社会责任，更无法着眼长远，实现可持续发展。但最为直接的影响便是管理层会因完成业绩数据指标的压力进行财务造假。

（2）外部因素——政企不分，政府操纵

自 2002 年至 2010 年，上市八年中，宁阳县政府与华阳集团和华阳科技的利益纠葛就从未停止。其中，十分典型的就是宁阳县政府对华阳科技给予多种形式的补贴，多次挽救华阳科技于水火。在曼哈顿2009 年入主华阳科技后，华阳县政府对其进行了三次大额补贴，具体时间和内容如表4. 12 所示。值得注意的是，2009 年8 月的补贴款恰好在华阳科技半年报出炉前夕，因此这笔补贴款被认为有增厚企业业绩、帮助企业扭亏为盈的嫌疑。盈利一方面可以向投资者传递企业良好发展的积极信号，另一方面，也可以保证银行不会对企业缩减授信额度或压缩授信规模。据调查，在华阳科技资金紧张时，宁阳县政府曾向其借款5 000 万元。因此，在这样的背景下，这合计5 266 万元的三次补贴实质上也起到了冲减其前期5 000 万元贷款的作用。

表4. 12　　2009 年宁阳县政府对华阳科技补贴情况　　单位：万元

补贴时间	补贴项目	补贴金额
2009. 8. 17	2009 年上半年环保建设补贴	1 500
2009. 12. 28	补付2008 年下半年环保建设补贴	1 500
2009. 12. 28	补付2008 年电价补助	2 266

宁阳县政府除了巧立名目对华阳科技进行补贴外，还在2009 年陆续通过大股东减持的方式套现。从华阳科技披露的公告来看，在2009 年半年内，华阳集团合计对华阳科技减持758 万股，以当期8. 5 元的华阳科技股票均价计算，华阳集团共通过减持套现6 443 万元，值得注意的是，在华阳集团每次减持前，华阳科技都会发布重组、获得政府补贴、半年报盈利等利好消息，这些看似“巧合”的“注定”，想必是华阳科技在为华阳集团减持拉高股价。而减持所得又通过宁阳县政府以借款的方式流入了华阳科技。这些与当地政府的“亲密”行为，华阳科技均未进行公告，这也是山东证监局拟对其进行立案调查的重要原因之一。事实上，从华阳科技上市那天起，从资金腾挪到招标重组再到人事调整，其发展的每一步都不同程度地受到政府干预。

2. 机会

（1）企业内部因素——“一股独大”的股权结构

华阳科技同其他国有上市公司一样存在着国有股“一股独大”的诸多问题。华阳科技2009年年报显示，公司的第一大股东山东华阳农药化工集团有限公司占华阳科技三分之一的股权，而华阳集团的实际控制人为宁阳县国有资产管理局。华阳科技与第一大股东及实际控制人的关系如图4.1所示。国有股“一股独大”公司面临的最为典型的问题具体反映在以下三个方面：一是政府在企业组织架构、人事任免以及企业经营上有绝对的控制权和话语权，由此产生的问题是，企业可能为了满足某些行政指标而违背自身发展规律和模式；二是在国有股占主导的金字塔股权结构下，企业与国家的所有权权属关系难以清晰界定，企业难以成为独立的法人主体，从而导致企业运作不规范，企业内部无法形成多元治理监督体系，为企业财务舞弊埋下了祸根；三是这种股权结构下，极易引发大股东占资问题。大股东占资从行为方式上看通常采用内源融资、借贷或内部银行结算等手段；从结果上看，正所谓“借钱容易还钱难”，大股东占资极易形成企业长期难以收回的呆坏账，从而引发财务风险。华阳科技的大股东占资问题就是导致其现金流断裂，引发最终走向破产重组之路的重要因素。

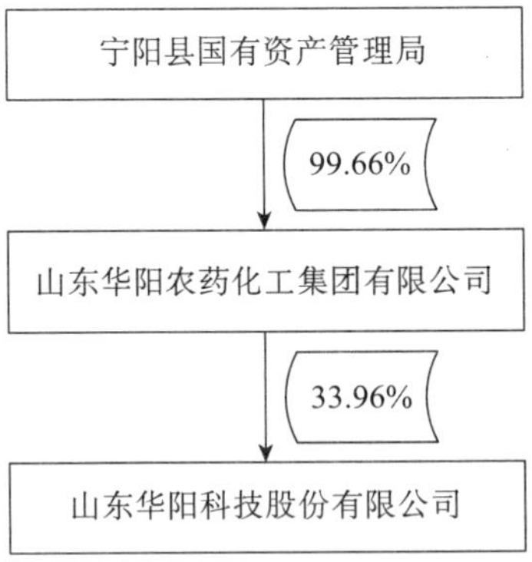

图4.1　华阳科技与第一大股东及实际控制人的持股关系

（2）外部因素——会计师事务所未能勤勉尽责

负责对华阳科技进行审计并出具审计报告的会计师事务所为利安达会计师事务所。会计师事务所作为专业的审计执业机构，应当保持应有的职业谨慎，在履行充分恰当的审计程序后出具恰当的审计意见。本案例中，利安达会计师事务在进行初步业务活动、实施风险评估程序等方面的工作存在严重不足，尤其是对华阳科技的关联方违规交易视而不见，纵容了其财务舞弊行为，严重违反了我国注册会计师审计准则，丧失了职业道德。作为企业长期审计机构的会计事务所，通常会与企业建立紧密的情感联系和利益联系，在这种情况下，会计师事务所很容易在利益的驱使下丧失审计独立性，出具不真实的审计报告，蒙骗投资者和监管机构。

3. 借口

华阳科技从对重大的关联交易及大额的非经营性资金往来的瞒报行为，到延迟确认负债规避财务风险再到实际控制人屡次一边对其“输血”一边进行大股东减持，在与地方政府“剪不清，理还乱”的关联关系背景下，在实际控制人宁阳县政府的操纵指挥下，无视广大资本市场投资者及后来的战略投资者的利益，未将融资款用于主营业务的发展，而是作为其母公司、控股子公司及兄弟公司的资金往来进行频繁的借入与借出，这样严重违背了企业上市对投资者有关融资目和使用方式的承诺与约定，并最终引发舞弊，造成投资人的损失，也将企业推向了破产重组。

三、紫鑫药业财务舞弊案例分析

（一）企业概况

吉林紫鑫药业股份有限公司（以下简称“紫鑫药业”）（股票代码：002118）于 1998 年 5 月成立，2007 年 3 月在深交所挂牌上市，是一家集科研、开发、生产、销售、药用动植物种养殖为一体的高科技股份制企业。紫鑫药业的主导品种以治疗心脑血管、消化系统疾病和骨伤类为主，主要产品有活血通脉片、麝香接骨胶囊、醒脑再造胶囊等。近年来，紫鑫药业响应吉林省政府发展人参产业的号召，大力推动吉林省人参产业的发展。无论在人参种植基地上，还是科技产品开发上，紫鑫药业都投入了大量的人力、物力、财力。面对卫生部正式批准吉林省开展人参药食同源试点工作的新形势，紫鑫药业率先将人参引进功能性食品、保健品行业，研发成功100多个品种，其中41个品种已经获准试点生产。紫鑫药业当时正在全力打造紫鑫人参品牌，努力实现吉林省人参产业振兴①。

（二）舞弊事件经过及处理结果

1. 舞弊事件经过

紫鑫药业舞弊的发现，要追溯到其2011年较同行异常亮丽的半年报。紫鑫药业2011年半年报显示，其营业总收入、营业利润和利润总额分别较2010年同期上涨225.99%、349.48%和366.22%，具体数据增减变动情况见表4.13。不难看出，紫鑫药业在2011年的一、二季度，其营业状况较2010年有了质的飞越。然而，同期的国家统计局数据显示，2011年上半年我国医药行业利润总额同比增长21.67%，而2010年上半年此数值为37%，即2011年较2010年医药行业利润总额增速下降15.33%，整个行业在2011年的表现明显弱于2010年同期。也就是在整个医药行业不景气、发展动力不足的环境下，紫鑫药业披露的如此耀眼的业绩报告，引发了人们的讨论和质疑。

表4.13　　2010年1-6月紫鑫药业收入及利润情况②

	报告期（1-6）月	上年同期	本报告期比上年同期增减
营业总收入	370 351 714.49	113 609 715.24	225.99%
营业利润	117 657 131.20	26 176 528.46	349.48%
利润总额	116 664 868.73	25 023 729.83	366.22%

① 紫鑫药业官方网站信息，http://www.jilinzixin.com.cn/comcontent_detail/&FrontComContent_list01-1305701380229ContId=25057446-95e5-4b0f-97c9-08c81caad162&comContentId=25057446-95e5-4b0f-97c9-08c81caad162&comp_stats=comp-FrontComContent_list01-1305701380229.html

② 吉林紫鑫药业股份有限公司2011年半年度报告，巨潮资讯网，http://www.cninfo.com.cn/finalpage 2011-07-29/59741401.PDF

2011年8月16日，上海证券报记者发表的《自导自演上下游客户，紫鑫药业炮制惊天骗局》① 一文彻底引爆了紫鑫药业财务舞弊事件。记者调查发现，紫鑫药业拓展业务范围，涉足人参产业后，梳理其繁杂的上下游供应商和客户关系，最终都指向了其实际控制人郭春生。具体的，紫鑫药业向其上游要供应商采购人参，支付采购款，其上游供应商收到采购款后，再采取诸多方式将资金转移到紫鑫药业的主要客户，最后由客户购买紫鑫药业产品，从而实现资金回流至紫鑫药业。通过这种方式，紫鑫药业可以轻松控制其采购规模、销售规模及收入和利润。2011年10月19日，证监会对其下发调查通知书，因其涉嫌证券违法违规操作行为，证监会决定对其立案稽查。

2. 处理结果

在完成历时两年半的调查之后，2014年2月13日，证监会对紫鑫药业开出行政处罚决定书，针对其主要的信息披露违规问题，作出如下处罚：

（1）责令紫鑫药业改正，给予紫鑫药业警告，并处以40万元罚款；

（2）给予郭春生（董事长）警告，并处以10万元罚款；

（3）给予曹恩辉（董事）、祖春香（董事）、殷金龙（董事）、李飞（独立董事）、方勇（独立董事），韩明（监事）、徐吉峰（财务总监）警告，并分别处以3万元罚款②。

（三）舞弊的识别

1. 关联交易异常

倘若一个企业的主营业务收入的绝大部分来源于关联企业的关

① 中证网，http：//www. cs. com. cn/ssgs/14/201108/t20110817_ 3015028. html

② 中国证监会行政处罚决定书（紫鑫药业股份有限公司、郭春生、曹恩辉等9名责任人），证监会官方网站，http：//www. csrc. gov. cn/pub/zjhpublic/G00306212/201403/t20140304_ 244960. htm? keywords =% E7% B4% AB% E9% 91% AB% E8% 8D% AF% E4% B8% 9A

联交易，那么该企业就存在通过利用非公允的关联价格进行违规交易或虚构关联方以调增业绩的可能。紫鑫药业关联交易主要为自买自卖，通过与上游关联供应商和下游关联客户进行虚假交易实现虚增收入，提高利润的目的。

（1）与上游供应商的关联交易异常

紫鑫药业2010年财务报告显示，紫鑫药业位列前四位的供应商分别是延边嘉益人参贸易有限公司（以下简称“延边嘉益”）、延边耀宇人参贸易有限公司（以下简称“延边耀宇”）、延边欣鑫人参贸易有限公司（以下简称“延边欣鑫”）、延边劲辉人参贸易有限公司①（以下简称“延边劲辉”）（以下合称这四家公司为“延边系”）。这四家公司不仅都注册在延边，还都成立于2010年，且主营业务都为人参及人参粗加工，无论是成立时间、主营业务还是注册地都有着惊人的相似。这太多的巧合暗示着紫鑫药业极有可能隐瞒了与之关系密切甚至由其“一手创建”的关联方。后经记者调查发现，果然不出所料，“延边系”的实际控制人就是紫鑫药业的董事长郭春生，而如此重大的关联关系，却丝毫未在紫鑫药业的年报中进行披露。另外，紫鑫药业2010年年报显示，其期末预付款项余额为3.6亿元，较期初的0.4亿元增长3.2亿元，表4.14列示了2010年预付款期末余额位列前四位公司预付款的具体情况，及其占全部预付款的比例，如前所述，这四家单位都是紫鑫药业的供应商。在增加的3.2亿元中，紫鑫药业在该年度向这四家“延边系”公司提前预付了高达2亿元的在地参采购款。“延边系”在收到货款后，再通过土地、房产购置等多种途径将货款转至紫鑫药业的下游客户，进而通过下游客户采购产品重新流入紫鑫药业中。

（2）下游客户的关联交易异常

2010年紫鑫药业披露的年报显示，其前五大客户分别为四川平大生物制品有限公司（以下简称“平大生物”）、亳州千草药业饮片

① 吉林紫鑫药业股份有限公司2010年年度报告，巨潮资讯网，http://www.cninfo.com.cn/finalpage/2011-03-30/59199010.PDF

表 4.14　　2010 年预付款期末余额位列前四位的单位①

单位名称	预付款期末余额	占全部预付款余额比例
延边嘉益人参贸易有限公司	71 400 000.00	19.73%
延边耀宇人参贸易有限公司	60 000 000.00	16.58%
延边欣鑫人参贸易有限公司	40 500 000.00	11.19%
延边劲辉人参贸易有限公司	25 000 000.00	6.91%
合计	196 900 000.00	54.41%

厂（以下简称“千草药业”）、吉林正德药业有限公司（以下简称“正德药业”）、通化立发人参贸易有限公司（以下简称“通化立发”）和通化文博人参贸易有限公司（以下简称“通化文博”），表 4.15 列示了 2010 年紫鑫药业前五大销售客户的营业收入及其占企业营业收入的比例。

表 4.15　　2010 年紫鑫药业对前五大客户的销售收入情况②

客户名称	营业收入	占企业全部营业收入的比例
四川平大生物制品有限公司	70 685 840.71	11%
亳州千草药业饮片厂	68 906 024.00	10.73%
吉林正德药业有限公司	61 130 030.60	9.52%
通化立发人参贸易有限公司	16 028 761.06	2.49%
通化文博人参贸易有限公司	15 829 646.02	2.36%
合计	232 580 302.39	36.20%

调查发现，紫鑫药业的关联方对紫鑫药业的第一大客户平大生物持股比例高达 61%，因此平大生物存在被紫鑫药业间接控制的可能性。另外，查阅平大生物的经营范围和主营业务信息不难发现，平大生物的主要生产原材料为何首乌，基本从四川当地农民手中直接收购，只有在其产品的发酵环节，需要加入一点中药成分，企业

① 吉林紫鑫药业股份有限公司 2010 年年度报告，巨潮资讯网，http://www.cninfo.com.cn/finalpage /2011 - 03 - 30/59199010.PDF

② 吉林紫鑫药业股份有限公司 2010 年年度报告，巨潮资讯网，http://www.cninfo.com.cn/finalpage/ 2011 - 03 - 30/59199010.PDF

也没有大批量从外地采购原材料的行为。可见，平大生物不存在采购紫鑫药业人参产品和中成药的需求和必要。而紫鑫药业的第二大客户千草药业的实际控制人为紫鑫药业的全资控股子公司吉林草还丹药业有限公司，因此，千草药业实际上是紫鑫药业的孙公司。另外据调查，其第三大客户正德药业的实际控制人郭春林与郭春生是亲戚关系。其第四、第五大客户同“延边系”一样，两家公司在注册地、注册时间、主营业务等方面基本一致，均为受紫鑫药业控制的公司。

不难看出，紫鑫药业上游供应商、下游大客户均为其子公司或者其他关联企业，紫鑫药业同其关联客户共同此形成了一条完整的购销链，并通过体内自买自卖可以随意调节收入和支出，以进行盈余操纵。

2. 利润指标变动趋势异常

紫鑫药业上市之初，业绩一直保持相对稳定。如表 4. 16 所示，紫鑫药业在 2007 年至 2009 三年间，净利润都保持在 5 000 万元左右，随着企业开始涉足人参产业，开发并出售人参产品，2010 和 2011 年的净利润较 2009 年分别有 285% 和 356% 的大幅增长，与此同时，其 2010 年、2011 年营业收入较 2009 年分别增长 250% 和 362% 。收入和利润的大幅增长，除了人参概念的推动，也存在着财务造假的嫌疑。表 4. 16 列示了 2007 年 – 2010 年紫鑫药业的基本财务数据。

表 4. 16　　2007 – 2010 年紫鑫药业基本财务数据　　单位：元

	2007	2008	2009	2010	2011
总资产	455 261 921. 57	545 980 586. 38	655 193 783. 69	2 569 265 077. 05	927 619 550. 21
营业收入	170 649 245. 31	223 332 334. 13	256 287 604. 81	642 417 445. 93	927 619 550. 21
前五大客户收入	52 213 189. 56	29 289 597. 72	26 839 493. 83	232 580 302. 10	366 646 836. 03
净利润	47 956 853. 90	53 329 645. 80	61 084 165. 68	173 165 552. 10	217 289 950. 92
经营性现金流量	21 285 166. 78	25 668 569. 73	12 807 145. 81	– 215 418 190. 86	– 558 721 219. 61
每股收益	0. 74	0. 44	0. 3	0. 37	0. 32

3. 股权高度集中

2010 年年报显示，紫鑫药业的第一大股东为敦化市康平投资有限责任公司（以下简称“康平投资”），其对紫鑫药业持股49.02%，第二大股东为自然人股东仲维光，其持股比例为6.04%，紫鑫药业与实际控制人之间的产权及控制关系如图4.2所示。年报同时通过备注的方式披露：“康平投资直接持有本公司49.02%的股份，在康平投资的股东中，持有康平投资42.42%股权的自然人股东关立影与本公司董事长郭春生是夫妻关系，持有康平投资34.84%股权的自然人股东仲桂兰与本公司董事长郭春生是母子关系，因此，本公司董事长郭春生先生通过其亲属直接持有康平投资77.26%的股份，故间接持有本公司37.87%的股份，加上持有本公司6.04%股份的自然人股东仲维光为郭春生先生亲属，因此，郭春生先生通过其亲属共计持有本公司43.91%的股份，为本公司的实际控制人①。”由此可见，紫鑫药业就是典型的董事长“一股独大”的股权结构。股权的高度集中，一方面会导致大股东通过控制管理层来消耗公司资源以攫取一己私利，另一方面也会使得企业的内部监督机制失效，为其舞弊提供便利条件。

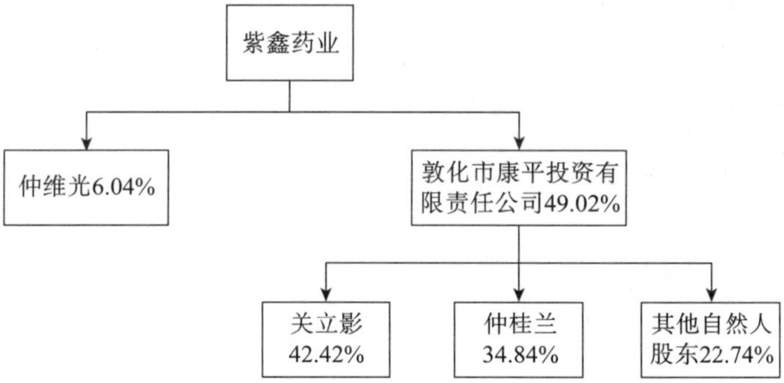

图4.2 紫鑫药业与实际控制人之间的产权及控制关系

（四）舞弊手段

1. 违规关联交易

① 吉林紫鑫药业股份有限公司2010年年度报告，巨潮资讯网，http://www.cninfo.com.cn/finalpage/2011-03-30/59199010.PDF

（1）虚构下游客户

如前所述，紫鑫药业在2010年共实现营业收入6.42亿元，前五大客户合计贡献收入2.33亿元，占全部营业收入的36.3%。2009年，紫鑫药业营业收入实现2.56亿元，其中前五大客户实现收入2 684万元，仅占全部销售收入的10%。另外，2009年年报显示，紫鑫药业的前五大客户分别是北京普仁鸿医药销售有限公司、广州中山医医药有限公司、河北省唐山药材采购供应站、北京金象复星医药股份有限公司地安门分公司、浙江大生医药有限公司。对比发现，仅2010年一年时间，五大客户全部易主，这不仅在制药行业，在整个资本市场范围内也是十分罕见的，且新客户明显出手更加阔绰，这不禁让人生疑。经记者调查发现，紫鑫药业董事长作为纽带，新增的五家大客户都不同程度存在着与紫鑫药业的关联关系。因此，紫鑫药业2010年的惊人业绩，很难不被联想到是违规关联交易。

（2）虚构上游供应商

除了下游客户被怀疑作假之外，调查显示，其上游供应商与紫鑫药业也有着各种隐秘复杂的关系。如前所述，其上游“延边系”供应商的注册地、注册时间、管理人员、控股股东等相关信息都被发现涉及紫鑫药业操纵的端倪，而这些可能存在的关联交易在紫鑫药业的年报中都没有进行充分披露。由此，紫鑫药业虚构上、下游客户串联舞弊的脉络就不难摸清了，紫鑫药业将原材料采购款付给上游供应商，供应商再通过多种投资手段将资金转移给其下游大客户，客户通过购买产品，将资金再支付给紫鑫药业，从而完成资金的回流。这种自买自卖的财务舞弊行为因为购买双方有完整的合同及相关票据，因此很难被发现。

2. 虚增土地使用权

紫鑫药业2010年年报披露，“本期新增的土地使用权是本公司非公开发行人参产品系列项目的募投项目使用资金，该土地使用权分别坐落在延吉、通化、敦化、磐石四个场区。”由此可见，紫鑫药业为开发人参产品新建了四个加工基地，报告显示共耗资1.25亿元，占全部募集资金10亿元的12.5%，如此巨额的资金占用，紫鑫药业只用一句话粗略带过，并没有具体披露这四个生产基地的具体情况和是否适宜人参种植等评估报告。另外，相关资料显示，人参的成长期通常在五年以上，那么短期内不会产生现金流。由此可见，这四个生产基地的构建有可能产生两个问题，一是已经资本化了的生产基地，占用并且将要占用企业的大额流动资金，这会产生企业现金流断裂的风险；二是倘若土地不适宜种植野山参，那么企业极有可能通过这种方式，一方面虚增了无形资产，另一方面将购置款转移到了个人的腰包。

3. 虚增存货

2011 年，中准会计师事务所对紫鑫药业发表了保留意见的审计报告。报告指出，“报告期内紫鑫药业购入野山参 8 299. 75 克，财务报表列报金额为 136 439 000. 00 元，其中 91 439 000. 00 元的野山参未取得采购发票，占期末资产总额的 3. 28%，由于此部分野山参未获取合规入账凭证，加之野山参货品的特殊性，目前尚未形成公开的令人信服的市场交易报价体系，亦无价值认定权威机构或部门，因此，我们无法判定公司对该等存货认定的恰当性①。”对此，紫鑫药业在 2012 年的一季报中进行了回应，董事会解释道“因为野山参货品的特殊性，当地税务部门也在积极寻找野山参公允价值的认定，在取得公司采购野山参价格合理性的认定后将为公司开具农产品收购发票。公司董事会已责成公司管理层同野山参客户及需求者联络，尽快完成销售，以实现野山参公允价值的认定②。”但是，对于采购过程中采购价格的合理性，紫鑫药业并未对此作出说明，通常企业对于未取得销售发票就入账的存货，可以通过调节其定价实现虚增或虚减存货的目的。

4. 虚增利润

紫鑫药业于 2012 年 2 月 23 日发布的 2011 年业绩快报中显示，

---

① 吉林紫鑫药业股份有限公司 2011 年年度报告，巨潮资讯网，http://www.cninfo.com.cn/finalpage/2012-04-26/60912601.PDF

② 吉林紫鑫药业股份有限公司 2012 年第一季度季度报告，巨潮资讯网，http://www.cninfo.com.cn/finalpage/2012-04-26/60912616.PDF

2011年“实现归属于上市公司股东的净利润26 614.66万元，同比上年同期增加53.69%①。”而如前所述，紫鑫药业2012年4月26日发布的2011年年报显示其净利润为21 729万元，短短两个月，前后数据相差5 000万元之巨，这让人不由心生疑惑。为此，紫鑫药业在2012年5月6日收到了《关于对吉林紫鑫药业股份有限公司的监管函》，深交所认定其业绩披露违反了深交所《股票上市规则》的相关规定，紫鑫药业随即于2012年6月1日发布了《关于2011年度业绩快报存在的问题及整改措施的公告》，但公告中只提到加强学习等整改措施，并未对差异产生原因作出任何说明。另外，紫鑫药业在2011年四个季度的净利润增长率远超同行业均值，在整个资本市场中也是个中翘楚。结合其复杂的关联关系，如此耀眼的业绩极有可能是通过业绩操纵和财务造假得来的。

（五）舞弊动因

1. 压力

（1）企业内部因素——高管持股套现

紫鑫药业在2007年上市后至2009年，如前所述，其业绩表现平平，虽然净利润逐年上升，但均徘徊在5 000万元上下，在同行业中，属于经营规模较小的企业，并且由于没有明星产品，故在行业内竞争力不足。然而，在2010年涉足人参产业后，其人参产品迅速成为公司主要收入来源，当年贡献销售额3.6亿元，占其总收入的79%，紫鑫药业的净利润也因此站上亿元大关。紫鑫药业股价也随即与业绩齐飞，在此背景下，实际控制人郭春生及其家族成员的身价暴涨，而这极有可能是郭春生炒作人参概念、虚增利润的主要动机。仲维光、康平投资的股权现已解禁，同时，郭春生隐蔽持有的388万元的增发股，现也产生了数千万的浮盈。

（2）外部因素——地方政府推动

---

① 吉林紫鑫药业股份有限公司2011年度业绩快报，巨潮资讯网，http://www.cninfo.com.cn/finalpage/2012-02-23/60574089.PDF

上市公司往往是当地政府支持的“形象工程”，上市公司的经营状况与当地政府的行政能力挂钩，因而在政府机构的鼓励下，上市公司就会尽可能的配合政府，做高财务业绩，从而实现上市目的。2005年，吉林省成立企业上市工作办公室（以下简称“上市办”，现更名为“吉林省工业和信息化厅”），吉林省上市办的目的就是推动省内企业上市。而紫鑫药业则是上市办力推的第一家企业。郭春生曾在不同场合公开表示对省上市办的“感激之情”，紫鑫药业是在上市办的协助推动下才能够成功上市。可见吉林政府对紫鑫药业高度重视，政府为了树立龙头企业形象，实现一定政绩，增加地方税收，对紫鑫药业的舞弊行为“睁一只眼，闭一只眼”，纵容其通过关联方交易等手段的财务舞弊行为。与此同时，紫鑫药业也从地方政府中得到了切实的经济好处，得到了政府的各种财政补助，仅2013年1月22日紫鑫药业就一次性收到财政补助（产业技术研发资金）800万元。

2. 机会

（1）企业内部环境因素

首先，公司治理结构不合理。紫鑫药业财务舞弊的发生很大程度上与其不合理的治理结构有关。在现代企业两权分离和所有权分散化的背景下，管理者作为受托方需要履行受托责任，通过谋求企业利益最大化进而实现股东利益最大化。然而，紫鑫药业一方面在“一股独大”的股权结构下，大股东作为企业的实际控制人有能力操纵企业管理层牺牲小股东利益来攫取自身利益。这就为企业财务舞弊提供了可能性。另一方面，实际控制人、董事长兼任总经理，董事兼任副总经理的现象，不仅导致了“内部人控制”，股东对管理层的监督严重缺失，更在一定程度上为管理层舞弊创造了便利条件。在“内部人控制”的背景下，由于身兼二职，不仅董事长代表股东监督管理层的机制彻底失效，企业的内部监督体系通常也很难发挥作用，从而使得舞弊的行为不受控制且不被监督。

其次，企业内部监督缺失。紫鑫药业内部监督缺失主要表现在独立董事“不独立”以及监事会“不监督”。虽然紫鑫药业一直依照证监会2001年发布的《关于在上市公司建立独立董事制度的指导意见》的要求设有会计、法律、医学界权威人士组成的独立董事，但显然，独立董事并没有发挥其应有的监督职能。《关于在上市公司建立独立董事制度的指导意见》中规定独立董事应对“上市公司的股东、实际控制人及其关联企业对上市公司现有或新发生的总额高于300万元或高于上市公司最近经审计净资产值的5%的借款或其他资金往来，以及公司是否采取有效措施回收欠款，向董事会或股东大会发表独立意见①。”独立董事监督的缺失可以通过以下两个例子得到充分说明。一是2010年，紫鑫药业对其第一大客户平大生物销售额逾7 000万元，而平大生物与紫鑫药业实际上已经形成了控制和被控制的关系，因此构成了“重大关联交易”，但独立董事并未对此发表独立意见。二是独立董事也未对紫鑫药业同上游关联供应商的大额频繁交易发表独立意见。这两个例子充分说明了独立董事没有发挥其应有的监督作用，没有有效履行其保护股东权益的职责。与虚设的独立董事一样，企业的监事会和内审部门也没有发挥其应有的监督作用，公司的监事会及内审部门与独立董事不同的是，这两个部门作为公司内部机构，相较独立董事对公司运营状况和管理层稳定运行状况知悉的更清楚，因此应更容易发现和识别问题。但是显然，在紫鑫药业的舞弊事件中我们不难得出监事会和内审部门未履行其监督职能，甚至为财务舞弊提供了便利的结论。

（2）外部因素——审计机构工作失职

负责审计紫鑫药业的中准会计师事务所未保持应有的执业谨慎，导致工作失职，也间接为紫鑫药业成功舞弊提供了外部条件。表4.17列示了2009年紫鑫药业前五大销售客户的营业收入及其占企业全部营业收入的比例，对比2009年和2010年紫鑫药业前五大销售客户，不难发现以下几个特点：一是2010年，前五大销售客户全部易主；二是前五大销售客户在2010年合计贡献收入2.3亿元，是2009年的8.8倍；三是前五大客户销售额占企业营业收入比例增长

① 《关于在上市公司建立独立董事制度的指导意见》，证监发［2001］102号

了三倍。如此大幅度的变动，并未引起中准会计师事务所审计师足够的重视和关注，从而未深入挖掘出其中的关联关系和违规关联交易。另外，2010 年，紫鑫药业的第一大客户平大生物贡献收入 7 000 万元，且其并未出现在紫鑫药业应收账款的名单中，这说明平达生物的款项已基本结清，但平达生物披露的财务报表显示其当年仅实现逾 3 000 万元的销售收入和 280 万元的净利润，以这样的盈利水平，全额结清 7 000 万元交易款，无疑是很难实现的。因此，无论是对紫鑫药业自身纵向比较还是深度分析某一项交易，中准会计师事务所显然在风险评估和具体审计实践中都存在瑕疵。正是会计师事务所未成功为企业财务信息的真实性和合理性把关，导致了舞弊现象未及时被发现。

表 4.17　2009 年紫鑫药业前五大销售客户营业收入贡献情况①　单位：元

客户名称	营业收入	占企业全部营业收入的比例
北京普仁鸿医药销售有限公司	15 013 753. 80	5. 86%
广州中山医医药有限公司	3 488 062. 05	1. 36%
河北省唐山药材采购供应站	3 028 578. 68	1. 18%
北京金象复星医药股份有限公司地安门分公司	2 957 800. 15	1. 15%
浙江大生医药有限公司	2 351 299. 15	0. 92%
合 计	26 839 493. 83	10. 47%

3. 借口

紫鑫药业在上市四年中，频繁通过“自买自卖”暗箱操作的方式，进行资金的体内循环，反复虚增收入和利润，这种完全没有真实交易和业务作为依托，凭空造假，从源头上虚构客户和供应商的行为是对投资者最直接也是最彻头彻尾的欺骗，这不仅是企业内部财务监督的缺失、内控环境的薄弱，而且是管理层的恶意指使和刻意而为，是严重丧失职业道德和职业操守的鲜活体现。在管理层不

① 吉林紫鑫药业股份有限公司 2009 年年度报告，巨潮资讯网，http：//www. cninfo. com. cn/finalpage/ 2010 - 02 - 03/57573204. PDF

诚信的前提条件下，对上市公司进行审计的会计师事务所，倘若不能保持应有的职业谨慎，敷衍塞责，甚至与被审计单位狼狈为奸，就必然导致审计失败，从一定程度上助长该企业管理层舞弊的不正之风，造成资本市场的无序与低效。因此，不仅是内部企业文化和管理层个人道德修养，而且外部中介监管机构的职业道德都对企业行为的选择有着重大的影响。

四、万福生科财务舞弊案例分析

（一）企业概况

万福生科（湖南）农业开发股份有限公司（以下简称“万福生科”）（股票代码“300268”）前身系湖南省桃源县湘鲁万福有限责任公司，于2003年5月8日成立。公司以2009年9月30日为基准日，采用整体变更方式设立万福生科（湖南）农业开发股份有限公司。万福生科于2011年9月15日在深圳证券交易所首次公开发行1 700万股，并于2011年9月27日在深圳证券交易所创业板挂牌上市，法定代表人为龚永福。公司自成立以来，一直从事稻米精深加工，并在国内首创以大米淀粉糖、大米蛋白为核心产品的稻米精深加工及副产物高效综合利用的循环经济生产模式，公司产品主要为高麦芽糖浆、麦芽糊精、葡萄糖粉、大米蛋白粉、米糠油、食用米（普米和精米）等①。

（二）舞弊事件经过及处理结果

1. 舞弊事件经过

万福生科在上市不到一年的2012年9月14日，发布被立案稽查公告，称公司因涉嫌违反有关证券法律法规被证监会湖南监管局

---

① 万福生科（湖南）农业开发股份有限公司2011年年度报告，http://www.cninfo.com.cn/finalpage/2012-04-16/60830599.PDF

勒令调查，万福生科由此成为中国创业板造假第一股。万福生科造假事件初露端倪是在2012年8月，湖南证监局在对万福生科进行例行检查时，发现了该公司的两套账本。由此，万福生科财务舞弊问题逐渐浮出水面。

2012年10月26日，万福生科发布了长达29页的《关于重要信息披露的补充和2012年中报更正的公告》，并在公告中承认2012年中报存在重大遗漏和虚假记载，该更正报告显示，公司在2012年半年报中虚增营业收入187 590 816.61元、虚增营业成本145 558 495.31元、虚增利润40 231 595.41元，未披露公司上半年停产事项①。2012年11月，深交所发布公告，公开谴责万福生科2012年中报造假行为。与此同时，万福生科发布致歉公告。

2013年3月2日，万福生科公司发布《关于重大事项披露及股票复牌的公告》，公告显示，“公司2008年至2011年累计虚增收入7.4亿元左右，虚增营业利润1.8亿元左右，虚增净利润1.6亿元左右。”2013年9月，证监会调查结果显示，“万福生科2008年至2010年财务数据存在虚假记载，公司不符合公开发行股票的条件。经查，万福生科为了达到公开发行股票并上市的条件，由董事长兼总经理龚永福决策，并经财务总监覃学军安排人员执行，2008年至2010年分别虚增销售收入12 262万元、14 966万元、19 074万元，虚增营业利润2 851万元、3 857万元、4 590万元。扣除上述虚增营业利润后，万福生科2008年至2010年扣除非经常性损益的净利润分别为－332万元、－71万元、383万元②。”另外，“万福生科2011年虚增销售收入28 681万元，2012年上半年虚增销售收入16 549万元，

① 万福生科（湖南）农业开发股份有限公司关于重要信息披露的补充和2012年中报更正的公告，巨潮资讯，http://www.cninfo.com.cn/finalpage/2012-10-26/61711956.PDF

② 中国证监会行政处罚决定书（万福生科（湖南）农业开发股份有限公司、龚永福、严平贵等21名责任人），证监会官方网站，http://www.csrc.gov.cn/pub/zjhpublic/G00306212/201311/t20131129_238995.htm?keywords=%E4%B8%87%E7%A6%8F%E7%94%9F%E7%A7%91

也未就公司2012年上半年停产事项履行及时报告、公告义务①。”据调查，负责万福生科IPO的保荐机构平安证券及负责审计的中磊会计师事务所也未能保持应有的职业谨慎，都面临着监管机构开出的巨额罚单。

2. 处理结果

2013年9月24日，证监会对万福生科公布了处罚决定，证监会决定：

（1）责令万福生科改正违法行为，给予警告，并处以30万元罚款；

（2）对龚永福（董事长）给予警告，并处以30万元罚款；

（3）对严平贵（副总经理）给予警告，并处以25万元罚款；

（4）对蒋建初（副董事长）、张行（董事）、杨荣华（董事）、肖德祥（董事）、邹丽娟（独立董事）、单杨（独立董事）、程云辉（独立董事）、刘炎溪（监事）、王湛淅（监事）、张苏江（监事）、文会清（副总经理）给予警告，并分别处以20万元罚款；

（5）对马海啸（董事）给予警告，并处以15万元罚款；

（6）对黄平（副总经理）、叶华（副总经理）、肖明清（董事会秘书）、肖力（副总经理）、李玉强（副总经理）给予警告，并分别处以10万元罚款；

（7）对杨满华（副总经理）给予警告，并处以5万元罚款。②

同时，鉴于证监会已依法将万福生科及主要责任人员龚永福、覃学军涉嫌欺诈发行股票行为和涉嫌违规披露、不披露重要信息行为移送司法机关处理，证监会决定对该两类行为中已涉嫌犯罪的万

① 中国证监会行政处罚决定书（万福生科（湖南）农业开发股份有限公司、龚永福、严平贵等21名责任人），证监会官方网站，http：//www. csrc. gov. cn/pub/zjhpublic/G00306212/201311/t20131129_ 238995. htm? keywords =% E4% B8% 87% E7% A6% 8F% E7% 94% 9F% E7% A7% 91

② 中国证监会行政处罚决定书（万福生科（湖南）农业开发股份有限公司、龚永福、严平贵等21名责任人），证监会官方网站，http：//www. csrc. gov. cn/pub/zjhpublic/G00306212/201311/t20131129 238995. htm? keywords =% E4% B8% 87% E7% A6% 8F% E7% 94% 9F% E7% A7% 91

福生科、龚永福、覃学军不再进行行政处罚，相应违法事实中涉及的虚构销售收入、营业利润等财务数据，以司法机关认定为准①。

同时，对负责审计的中磊会计师事务所作出如下处罚：

（1）责令中磊所改正违法行为，没收业务收入 98 万元，并处以 196 万元罚款；

（2）对王越、黄国华（均为万福生科 IPO 财务报表审计报告签字注册会计师）给予警告，并分别处以 10 万元罚款②。

对保荐机构平安证券作出如下处罚：

（1）责令平安证券改正违法行为，给予警告，没收业务收入 2 555 万元，并处以 5 110 万元罚款，暂停保荐业务许可 3 个月；

（2）对吴文浩（万福生科项目保荐代表人）、何涛（万福生科项目保荐代表人）、薛荣年（平安证券总经理）、曾年生（平安证券总经理助理）、崔岭（平安证券总公司投资银行事业部上海业务负责人）给予警告，并分别处以 30 万元罚款，撤销证券从业资格；

（3）对汤德智（平安证券万福生科项目组成员）给予警告，并处以 10 万元罚款，撤销证券从业资格③。

（三）舞弊的识别

1. 利润指标显著异于同行业企业

---

① 中国证监会行政处罚决定书（万福生科（湖南）农业开发股份有限公司、龚永福、严平贵等 21 名责任人），证监会官方网站，http://www.csrc.gov.cn/pub/zjhpublic/G00306212/201311/t20131129_238995.htm?keywords=%E4%B8%87%E7%A6%8F%E7%94%9F%E7%A7%91

② 中国证监会行政处罚决定书（中磊会计师事务所有限责任公司、王越、黄国华），证监会官方网站，http://www.csrc.gov.cn/pub/zjhpublic/G00306212/201311/t20131129_238998.htm?keywords=%E4%B8%AD%E7%A3%8A%E4%BC%9A%E8%AE%A1%E5%B8%88%E4%BA%8B%E5%8A%A1%E6%89%80

③ 中国证监会行政处罚决定书（平安证券有限责任公司、吴文浩、何涛等 7 名责任人），证监会官方网站，http://www.csrc.gov.cn/pub/zjhpublic/G00306212/201310/t20131018_236557.htm?keywords=%E5%B9%B3%E5%AE%89%E8%AF%81%E5%88%B8%E6%9C%89%E9%99%90%E8%B4%A3%E4%BB%BB%E5%85%AC%E5%8F%B8

万福生科2008年至2011年的财务报表显示，其主营业务收入分别为2.28亿元、3.28亿元、4.34亿元和5.53亿元，2009－2011年的主营业务收入增长率分别为43.55%、32.33%和27.60%。这一收入增长速度对任何行业的任何企业来说都是惊人的。更何况对于一家以稻米加工为主要业务的农业企业来说，其产品附加值本身是很低的，另外还要承受自然灾害，原料变质等一系列经营风险的影响，因此，万福生科的这些收入增长数据不禁让人怀疑其真实性。以另一家位于湖南省的农业企业湖南金健米业股份有限公司（以下简称“金健米业”）作为对比。金健米业和万福生科无论从地理位置还是主营业务来看有着许多相似点，二者都坐落于湖南常德，都是主营稻米精深加工的农产品加工行业。金健米业股份是我国首批农业产业化国家重点龙头企业，业绩一直保持良好增长势头，2009年至2011年金健米业的主营业务收入增长率分别为2.27%、1.99%和13.86%。对比万福生科的增长数据，不难发现，业务相似的企业收入增长率却有最大20倍的差距。2011年，金健米业在年报中披露，“就粮油食品产业而言，一方面国家对粮食的托市收购和通胀引起原料价格上涨和生产成本急剧上升，另一方面产品销价却受到国家对粮油价格调控的影响，产品成本上升和产品销价受压的两头受挤状况使粮油食品产业在产销量增长的情况下，经营毛利却明显下降①”。但是即使在市场环境如此恶劣的情况下，万福生科同期的销售毛利率依然达到金健米业的两倍。由此也可以推断，万福生科的报告数据存在问题的可能性极大。万福生科与金健米业销售指标具体对比数据见表4.18。

2. 年度间财务报告信息不一致

万福生科2012年半年报显示，公司预付款项金额位列第二位的是自然人童大权，预付金额为1 003万元，未结算原因为“预付工

① 湖南金健米业股份有限公司2011年年度报告

表 4.18 万福生科和金健米业销售指标对照

		2008 年	2009 年	2010 年	2011 年
万福生科	销售毛利率（%）	22.78	24.66	23.93	21.21
	销售净利率（%）	11.24	12.08	12.81	10.89
	净资产收益率（%）	36.23	24.81	25.84	8.99
金健米业	销售毛利率（%）	11.82	16.53	15.89	10.62
	销售净利率（%）	-16.97	0.44	0.53	-4.96
	净资产收益率（%）	35.65	0.69	1.02	-13.75

程、设备款，工程尚在建设中①。”而2011 年的年报显示，万福生科向35 名粮食经纪人采购稻谷，这35 人中，童大权的名字赫然在列，公司拟向其采购稻谷4 000 吨，并已与其签意向合同。由此可见，童大权由2011 年的粮食供应商在一年间摇身于2012 年成为工程设备的供应商，其中必有蹊跷。不出所料，在万福生科2012 年中报调整报告中，作为预付账款第一大客户的童大权从客户名单中消失了。由此印证了万福生科通过虚构预付账款增加资产总量，从而进行财务舞弊的事实。

3. 会计计量方法异常

计提存货跌价准备是对会计确认和计量的谨慎性要求的最基本体现，对于以粮食为原材料的农业企业来说，计提存货跌价准备更加重要。这是因为，粮食在整个农业企业存货中所占比重非常大，在企业整体资产中也占有相当大的比重。对粮食这种原材料数量的确认，直接影响到企业资产的数量情况。另外，粮食作为库存原材料有其特殊性，其在储存过程中存在巨大的变质腐败的风险。因此，绝大多数以粮食为原材料的农业企业，都会严格按照会计准则的规定，每年计提存货跌价准备，而且一般比重较大。但万福生科连续多年没有计提存货跌价准备，这对于一家以粮食为原料的农业企业来说是很不合常理的。表4.19 列示了万福生科2008 -2010 年的存货数据。

① 万福生科（湖南）农业开发股份有限公司2012 年半年度报告全文，巨潮资讯网，http：//www.cninfo.com.cn/finalpage/2012 -08 -23/61465329.PDF

表 4.19 2008－2010 年万福生科存货数据 单位：万元

	2008 年	2009 年	2010 年
存货	14 252.99	19 628.60	19 013.24
原材料	11 054.61	15 114.26	15 625.57
原材料占存货的比例	77.56%	77%	82.18%
存货占流动资产的比例	71.83%	75.09%	66.61%
存货占总资产的比例	45.22%	51.35%	37.57%
存货跌价准备	0	0	0

由表中数据可以看出，万福生科的原材料占存货比例高达 77% 以上，存货占流动资产的比例也约在 40% －50% 之间，根据谨慎性原则和企业对风险的预测与控制，在特定的市场环境中，企业计提存货跌价准备是必要的，然而，万福生科高达 1－2 亿元存货的跌价准备却连续三年为零，这其中必有蹊跷。另外，正常经营的企业的流动比率一般会控制在 2 左右，扣除存货后的速动比率最好在 1 左右，即企业存货不宜过多，万福生科的存货价值在流动资产和总资产中的比例明显偏高，也令人不解。由此可见，万福生科公司利用连续多年不计提存货跌价准备这一手段达到了虚增资产的目的，从而进一步造成了该公司连续三年盈利的假象，骗取了 2011 年成功上市的机会。

（四）舞弊手段

1. 虚增利润

万福生科历年年报均显示，高麦芽糖浆、麦芽糊精、葡萄糖粉、大米蛋白粉、米糠油、食用米（普米和精米）① 等是公司的主要产品。调查显示，这些产品的销售收入几乎都是被随意编造的，有的产品根本没有销售也凭空虚造收入。万福生科 2012 年半年报显示，其产品——“麦芽糊精”实现销售收入 1 123.9 万元。然而，有记

① 万福生科（湖南）农业开发股份有限公司 2011 年年度报告，巨潮资讯网，http：//www.cninfo.com.cn/ finalpage/2012－04－16/60830599.PDF

者从多个渠道调查并证实，2012 年市面上就没有万福生科“麦芽糊精”这种产品。经监管机构调查，万福生科2012 年半年报存在虚假陈述，在实际亏损的情况下大幅虚增营业收入和营业利润，营造盈利假象。由于该案件涉及金额较大，而且情节严重，对证券市场造成严重负面影响。迫于监管机构和社会公众、大众媒体的压力，万福生科公司随后对外公布了2012 年半年报调整报告。其更正的数据如表4. 20 所示，2012 年半年报虚增营业收入 1. 88 亿元，虚增利润4 023 万元。事实上，万福生科 2012 年上半年，公司实现营业收入 82 169 396. 61 元，比上年同期减少 64. 61%；营业利润为 –14 365 253. 87 元，比上年同期减少 147. 60%；净利润为 –13 678 403. 40 万元，比上年同期减少 143. 78%①。万福生科 2011 年 9 月成功上市完成融资 4. 25 亿元后，仅仅过了 9 个月光鲜的业绩就“变脸”为巨额亏损。

表 4. 20　　2012 年万福生科半年报调整数据　　单位：万元

	调整前	调整后	调减金额
营业收入	26 990. 52	8 216. 94	18 759. 08
营业利润	2 554. 86	–1 436. 53	3 991. 38
利润总额	2 874. 01	–1 117. 37	3 991. 38
净利润	2 653. 32	–1 367. 84	4 023. 16

另外，万福生科在 2012 年半年报中还存在虚构客户和销售记录的现象。半年报显示，其前五大客户分别为东莞市常平湘盈粮油经营部（以下简称“常平湘盈粮油经营部”），湖南祁东佳美食品有限公司（以下简称“祁东佳美”），湖南省傻牛食品厂（以下简称“傻牛食品”），津市中意糖果有限公司（以下简称“中意糖果”）和怀化小丫丫食品有限公司（以下简称“小丫丫食品”）②。据调查，五

① 万福生科（湖南）农业开发股份有限公司关于重要信息披露的补充和 2012 年中报更正的公告，巨潮资讯，http：//www. cninfo. com. cn/finalpage/2012 – 10 – 26/61711956. PDF

② 万福生科（湖南）农业开发股份有限公 2012 年半年度报告，巨潮资讯网，http：//www. cninfo. com. cn /finalpage/2012 – 08 – 23/61465329. PDF

大客户中只有常平湘盈粮油经营部的销售金额基本属实，其余四家客户的销售额均存在虚假错报，其中，对祁东佳美和中意糖果均虚增销售收入1 200余万元。而第三大客户傻牛食品和第五名的小丫丫食品在报表更正后竟然从前五大客户名单中消失，调整后的报表出现如此巨大的变动，其财务数据真实性很令人怀疑。万福生科2012年半年报调整前后前五大客户营业收入调整情况如表4.21所示。

表4.21　万福生科2012年半年报前五大客户营业收入前后调整情况 单位：万元

调整前客户单位	调整后客户单位	调整前业务收入	调整后业务收入	调整前占总营业收入比例（%）	调整后占总营业收入比例（%）
湘盈粮油经营部	湘盈粮油经营部	1 694.20	1 694.20	6.28	20.58
祁东佳美食品有限公司	亿德粮油贸易行	1 415.61	634	5.25	7.7
傻牛食品厂	祁东佳美食品有限公司	1 380.39	222.8	5.12	2.71
中意糖果有限公司	中意糖果有限公司	1 341.95	118.73	4.97	1.44
小丫丫食品有限公司	焦作市菲爱诗	1 340.64	90.7	4.97	1.1
合计		7 172.79	2 760.42	26.59	33.54

2. 虚增资产

（1）虚增应收账款

根据万福生科2012年中报更正公告，其应收账款从1 288万元减少至412万元，减少了876万元。调整前的半年报显示，万福生科公司应收账款前五位的客户分别为常德市湘原贸易有限公司、湖南双佳农牧科技有限公司、乐哈哈食品厂、佛山南海娥兴粮油经营部、衡阳市炎健商贸有限责任公司。然而这五大客户在更正后的半年报中从应收账款前五名客户名单中完全消失，而变成了另外六家完全不同的公司。另外，调整前应收账款前五名单位金额合计512.29万元，更正后为164万元，减少348.29万元，减少212.37%。这一巨额调整是非常不合常理的，存在重大财务舞弊的嫌疑。由此，基本上可以推断，万福生科公司2012年中报应收账款金额前五名单位完全是虚假记载，其应收账款存在严重的伪造销售合同、虚拟销售业务等造假行为。表4.22列示了2012年半年报调整前后位列应收账款前五位客户的变化情况。

表 4.22　　万福生科 2012 年半年报调整前后位列应收账款前五位客户的变化情况

调整前单位名称	调整后单位名称
常德市湘原贸易有限公司	军供粮油经营公司
湖南双佳农牧科技有限公司	桃园联通
乐哈哈食品厂	武陵天成爱心超市
佛山南海娥兴粮油经营部	湖南梅尼超市
衡阳市炎健商贸有限责任公司	步步高商业连锁

（2）虚增预付账款

预付账款也是企业的重要资产，而且相比应收账款等敏感性较大的科目而言，预付账款往往容易被忽略，因此，一些企业就在预付账款这一科目上大做文章，以达到虚增资产的目的，万福生科也是如此。

2008 –2010 年上市前三年间，万福生科的财务报告显示，其预付账款额基本保持稳定，没有太大的变化。然而 2011 年，其报告显示万福生科预付账款较前一会计年度猛增 450%，达到 1.2 亿元。同应收账款和销售收入一样，如表 4.23 所示，万福生科 2012 年中报的调整报告对预付账款的调整也是大幅的。2012 年中报更正前，万福生科的预付款前四名客户中，有三位是自然人，更正后报告中这三位自然人全部消失，取而代之的是三家其他企业，另外一家企业也被替换。万福生科 2012 年半年报调整公告显示，公司预付账款调整前金额为 3 789.26 万元，调整后为 2 714.76 万元，虚增 1 074.50 万元①，调增比例高达 40%。

① 万福生科（湖南）农业开发股份有限公司关于重要信息披露的补充和 2012 年中报更正的公告，巨潮资讯，http：//www.cninfo.com.cn/finalpage/2012 – 10 – 26/61711956.PDF

表 4.23　　万福生科 2012 年半年报预付账款更正情况　　单位：万元

调整前企业或个人	调整后企业或个人	调整前金额	调整后金额
童大权	湖南广宇建设	1 002.71	694
湖南广宇建设	上海化工机械	694	410.4
陈华忠	国储粮西安油脂研究院	521.08	306
陈刚	长沙荣欣粮油	439.47	171.92
合计		3 789.26	2 714.32

（3）虚增在建工程

万福生科 2012 年调整前半年报显示，公司在建工程余额由年初的 8 675 万元增加至 1.8 亿元，共增加 8 323 万元，增加近一倍。且该公司在这半年里没有在建工程项目转入固定资产。然而，其现金流量表显示，公司用于"购建固定资产、无形资产和其他长期资产支付的现金"仅有 5 883 万元。因此，另外增加的 3 000 万元在建工程款，只能是预付款或是应付款。然而，其报表显示，其预付账款在报告期内增加 2 632 万元，应付账款只增加了 380 万元，二者合计刚好能弥补前述 3 000 万元工程款，但应收账款和预付账款不仅涵盖企业的投资活动，还包括日常经营活动的大量往来款，因此，预付款和应收款的合计增加额与在建工程项目的增加额的比例是不合理的。另外，万福生科 2011 年年报显示，当年"淀粉糖扩改工程"投入资金 208.4 万元，工程进度完成 90%。然而，2012 年半年报显示，该工程在上半年投入资金 2 809 万元，较上年 全年投入增加近 2 600 万元，然而却只完工当年的 30%。远远低于 2011 年全年的进度。巨额的投资没有换来工程进度的加快，反而远低于 2011 年同期水平，不由让人不解。另外，"厂区绿化工程"项目在投入 74 万元后，工程进度也由原来的 100% 降低至 85%。以上诸多事项均从不同方面印证了万福生科虚增在建工程进行财务舞弊的行为。表 4.24 列示了万福生科 2012 年半年报更正前后在建工程变化较大的三个工程项目。表 4.25 列示了万福生科部分在建工程项目工程进度与投入金额的对比情况。

表 4.24　　万福生科 2012 半年报在建工程项目更正情况　　单位：万元

	更正前	更正后	虚增金额
供热车间改造工程	7 369	6 001	1 368
淀粉糖扩改工程	2 809	677	2 132
污水处理工程	4201	201	4 000

表 4.25　　万福生科部分在建工程项目工程进度与投入金额　　单位：万元

工程项目	2011 年报		2012 半年报	
	工程进度	期末金额	工程进度	期末金额
供热车间改造工程	80%	5 439	90%	7 369
淀粉糖扩改工程	90%	208	30%	2 809
污水处理工程	50%	201	50%	4 201

3. 瞒报重大停产事项

2012 年上半年万福生科的募投项目——循环经济型稻米精深加工生产线项目上半年因技改停产，影响了其正常的生产经营。根据会计披露的原则，这一事件应在报表中披露，然而万福生科在 2012 年半年报中却隐瞒了这一点。而后，万福生科在其更正公告中解释并说明了这一瞒报行为，并详细列示了各生产线的停产时间。并进一步说明“截至 2012 年 6 月 30 日，循环经济型稻米精深加工生产线已基本完成，进入调试阶段。公司循环经济型稻米精深加工生产线项目原计划停产技改一个月，但由于今年上半年常德地区降雨时间较长，延误公司技改工期，使得该项目停产技改时间延长，导致公司今年上半年销售收入大幅减少①。”万福生科通过瞒报重大停产事项，掩盖生产能力降低、主营业务受到重大影响的事实，从而为其财务舞弊、继续推高利润提供保证。

（五）舞弊动因

1. 压力

① 万福生科（湖南）农业开发股份有限公司关于重要信息披露的补充和 2012 年中报更正的公告，巨潮资讯，http：//www. cninfo. com. cn/finalpage/2012 - 10 - 26/61711956. PDF

（1）企业内部因素

企业财务舞弊的最直接动机就是谋取经济利益。随着证券市场的繁荣发展，股市的融资能力对于企业来说有着巨大的吸引力，这就诱使一些企业通过虚增利润等财务造假手段达到上市要求。万福生科作为一家典型的农业企业，具有农业企业的共同特点，即农业生产周期较长，受自然环境的不确定性因素的影响较大，风险承受能力较低，前期资金投入量大，投资回报期较长，产业附加值较低等。这些特点决定了农业企业的盈利时间较长，盈利能力较弱，指望通过农业企业迅速积累财富是不太可能的。然而证券市场上，资本具有逐利性。对于万福生科这样的产品附加值较低的企业来说，难以在短期内迅速获得高额利润。资料显示，万福生科在创业板成功上市后一举募得3.9亿元资金，可见，在如此巨额融资收益的吸引下，必有企业冒着违规风险进行财务舞弊。如前所述，万福生科为成功上市在上市前三年合计虚增收入4.6亿元，虚增营业利润约1.13亿元。在公司通过虚假手段上市后，为了营造繁荣假象，继续吸收资金，再加之前期的违法行为没有得到应有的遏制与惩罚，也就自然而然地继续使用财务舞弊的手段来粉饰公司业绩，从而形成了财务造假的恶性循环。

另外，偿债压力也是迫使其财务造假的一个内在动因。万福生科2008－2010年的资产负债率分别为77.53%、58.29%、57.52%，总体负债水平较高，而且这些负债90%以上为短期负债，其速动比率达到0.25、0.31、0.41，短期偿债压力较大，万福生科需要大量的资金支持，在民营企业融资难的大背景下，上市无疑是最优选择。上市后好看的业绩也会使得股价上升，达到配股或增发新股条件，募得更多资金的同时提高信用等级，降低银行贷款融资成本。

（2）外部因素——政府政绩工程推动

发展地方经济、繁荣当地商业是地方政府的职责，也是衡量地方政府工作业绩的重要指标。多数地方政府都会对本地企业上市持大力支持的态度，有些时候甚至在很多方面给予企业优惠政策助推上市。在这种情况下，地方政府为了本地经济利益和声誉等，盲目鼓吹一些条件尚不成熟的企业上市融资，而忽视了资本市场的风险。湖南省常德市政府的一些盲目行为和政绩工程对万福生科IPO造假起到推波助澜的作用，从这个角度讲万福生科也可以说是“受害者”之一。湖南省常德市曾于2010年出台常政办函〔2010〕63号《常德市人民政府办公室关于做好企业上市工作的通知》，要求“各级各有关部门要切实提高认识，按照全市的统一部署，采取切实有效措施，积极创造条件，大力推进企业上市工作。”同时，“明确企业上市工作任务各县市区政府要把企业上市工作纳入政府工作重要议事日程，明确目标任务，制定工作方案，每个县市区要确定一家以上重点拟上市公司。全市力争2010－2012年新增上市企业4家，今年要推动万福生科、云锦集团向中国证监会上报首发上市申请材料，明年挂牌上市①。”由此可见，万福生科作为一家以粮食加工为主要业务的农业企业，享受多项国家税收优惠（如增值税零税率等）和政策补贴，在当地也是规模较大的企业，因此顺利“晋升”为上市重点扶持企业。另据报道，2010年，湖南省证监局局长还曾亲赴证监会、上交所、深交所、平安证券等部门组织，详细了解湖南省拟上市企业的申报进程。

2. 机会

（1）企业内部因素——公司治理结构不健全

万福生科2011年年报显示，其董事长龚永福及其妻杨荣华分别持股29.99%，即龚永福夫妇合计持股59.98%，而其他控股股东持股比例则多为分散，以第三大股东深圳市盛桥投资管理有限公司为例，其仅持股4.78%，2011年万福生科股权结构情况如表4.26所示。由此可见，万福生科同样是“一股独大”的股权结构。这种股权结构下，极易导致大股东凌驾于企业内部控制体系之上，导致内部监督和制衡失效，从而诱发舞弊。另外，龚永福兼任董事长和总经理双重职务，这也完全不符合现代企业分权制衡的原则，使得董事会对管理层的监督无从实现。由此可见，万福生科公司的控制权

① 常政办函〔2010〕63号常德市人民政府办公室关于做好企业上市工作的通知

与执行权几乎完全被龚永福夫妻垄断，公司董事会和监事会几乎形同虚设。在这样一种不完善的内部控制环境下，内部监督机构的职能也几乎丧失，企业成了董事长一人的企业。这样一种不健全的内部控制制度为企业财务舞弊提供了便利条件。对2012年半年报的虚假记载和重大遗漏行为，万福生科也在更正公告中作了自省，并明确指出“公司犯下如此的错误，主要是因为公司放松了内部管理，没有很好的执行内部控制制度，没有进一步加强法律意识和提高法制观念①。”

表4.26　　　2011年万福生科大股东及其持股情况

十大股东	持有比例	持有股数（万股）
杨荣华（龚永福之妻）	29.99%	4 019.00
龚永福	29.99%	4 019.00
深圳市盛桥投资管理有限公司	4.78%	640.00
余小泉	2.99%	400.00
刘丽	2.69%	360.00
南京鸿景创业投资有限公司	1.19%	160.00
陈鑫	0.83%	111.00
彭志勇	0.66%	89.00
苏州工业园区中晓生物科技有限公司	0.60%	80.00
肖立海	0.48%	64.88

（2）外部因素

首先是中介机构助推舞弊。在整个万福生科造假案件中，对该公司提供保荐服务的平安证券与为其审计的中磊会计师事务所显然难辞其咎。甚至在万福生科被立案调查前不久，平安证券还出具了相关的跟踪报告，公布万福生科公司一切正常。如此看来，平安证券作为保荐机构完全没有尽到督导责任，和中磊事务所都

① 万福生科（湖南）农业开发股份有限公司关于重要信息披露的补充和2012年中报更正的公告，巨潮资讯，http：//www.cninfo.com.cn/finalpage/2012-10-26/61711956.PDF

是造假事件的“帮凶”。上市公司的虚假披露行为显示出有关中介机构责任意识淡薄和专业水平有限，同时也暴露出我国证券行业监管制度不足以有效约束中介机构而且缺乏相应的惩戒措施。会计师事务所一方面会在审计失败预期成本较低的情况下，会计师事务所有可能为了自身的经济利益，与被审计单位合谋，共同参与舞弊。另一方面，出于成本控制考虑会减少审计程序，降低审计质量。在本案例中，对在建工程实施的有效审计程序是现场监盘，必要时需借助于专家的工作。但是出于审计成本的考虑，中磊会计师事务所可能不会聘用专家，而注册会计师可能由于缺乏工程管理专业知识，无法取得有效的审计证据进而发表合理的审计意见。而由于保荐机构与上市公司在利益取向上一致，一些保荐机构为了获取巨大的承销收入和保荐收入，只荐不保，甚至为企业造假上市“保驾护航”。当前，在我国审计机构、保荐机构及其他中介机构为了自身利益，丧失独立性，与被监督单位沆瀣一气的现象严重，这种现象不仅扰乱了资本市场秩序，更成为财务舞弊屡禁不止的潜在推手。

其次是监管机构监管不力，监管部门未能及时发现问题。如前所述，万福生科是通过对上市前三年的财务数据进行造假和粉饰，从而成功上市的，只不过其上市后由于未停止其舞弊的步伐，屡屡虚报谎报财务业绩，才引发了监管机构的调查。那么，如此劣迹斑斑的企业，当初怎么就成功IPO了呢，监管机构核查的意义又何在，这一方面体现了，我国证券监管严重的滞后性、被动性和浅显性，从而导致监管效率的低下。另一方面，当前由于监管资源有限，客观上，监管机构无法对每一家上市公司进行严密筛查，待企业上市后，证监会又将对年报的审查权下放到证交所，不再直接参与监管，从而削弱了上市公司违规行为被发现的可能性。

3. 借口

万福生科作为创业板“造假第一股”，其遍及进、销、存各个环节流水线式的造假流程令人咂舌，证监会调查显示，其系统性、规模化的舞弊是董事长龚永福授权财务总监具体操作执行。虽然万福生科取名于“万里鹏翼，厚德载物”，意在以德为本，基业长青，但其上市前后的行为，完全背离了企业立身之本，从包装上市到虚构交易，从虚构主要原材料到虚构生产辅料，万福生科可谓“事无巨细”，彰显出其在舞弊道路上的“万里鹏翼”之势。对资本市场缺乏敬畏之心、对投资者缺乏责任意识、对个人道德缺乏基本的底线要求，直接造成了万福生科在资本市场乃至整个产品和要素市场上名誉扫地。如同“十年树木，百年树人”，只有真正做到“厚德载物”，企业方能屹立不摇。

五、新大地财务舞弊案例分析

（一）企业概况

广东新大地生物科技股份有限公司（以下简称“新大地”）成立于2004年，前身为梅州市新大地生物科技有限公司，公司于2008年整体改制为广东新大地生物科技股份有限公司，法定代表人为黄运江。新大地是一家致力于油茶产业化的现代农业企业，主营业务为良种油茶苗的培育与推广及油茶精深加工系列产品的研发、生产和销售，涵盖了油茶全产业链的上、中、下游。公司的主要产品有“曼佗”牌茶油、“伊丽康”牌洗涤系列产品（茶皂素洗发水、茶皂素沐浴露）、“科米乐”牌茶粕系列产品（茶粕、茶粕有机肥）及良种油茶苗①。号称“两市茶油第一股”的新大地，在2012年5月18日，通过证监会发审委审核，获批登陆创业板。但随即就有媒体曝出新大地涉嫌欺诈上市的信息，2012年7月13日，新大地公司及其保荐机构南京证券向中国证监会提交了终止发行上市申请，成为创业板第一家被终止上市的企业。

---

① 广东新大地生物科技股份有限公司首次公开发行股票并在创业板上市招股说明书（申报稿），凤凰网，http：//app. finance. ifeng. com/data/stock/ggzw/300218/14027191

（二）舞弊事件经过及处理结果

1. 舞弊事件经过

2012年4月，证监会网站发布《广东新大地生物科技股份有限公司创业板首发招股说明书（申报稿）》。同年5月18日，在2012年证监会第36次创业板审核委员会工作会议上，创业板发审委审核通过了包括新大地在内的六家企业。然而，仅仅一个月之后的2012年6月，就有媒体对广东新大地招股书的内容真实性提出了质疑，认为新大地招股书中有多计收入，隐瞒关联关系等重大问题。对此，新大地公司的高管人员予以否认，但是新大地公司已经成为众多投资者以及大众媒体关注的热点。2012年7月，随着质疑之声不断，新大地的财务舞弊事件已经被众多媒体披露，新大地及其保荐机构南京证券向证监会提交终止发行上市申请。同年8月28日，新大地因涉嫌违规被证监会立案调查。

2. 处理结果

2013年10月15日，证监会对新大地作出行政决定处罚书，决定：

（1）对新大地给予警告，并处以60万元罚款；

（2）对黄运江（董事长）、凌梅兰（副董事长）给予警告，并分别处以30万元罚款；

（3）对凌洪（监事）、黄鲜露（董事）、赵罡（董事会秘书）给予警告，并分别处以20万元罚款；

（4）对樊和平（副总经理）、邱礼鸿（独立董事）、支晓强（独立董事）、何日胜（独立董事）、奚如春（独立董事）、马建华（监事）、陈增湘（监事）、林明华（监事）、李明（副总经理）、何敏（副总经理）给予警告，并分别处以15万元罚款。

同时，拟对保荐机构南京证券给予警告；对南京证券责令改正并实施公开谴责的监管措施，限其在6个月内对内部控制制度、尽职调查制度等方面存在的问题进行整改，整改完成后向监管部门提交书面报告，监管部门将检查验收；对保荐代表人胡冰和廖建华给予警告，分别处以 15 万元罚款，并分别采取终身证券市场禁入措施①。拟没收审计机构大华所业务收入 110 万元，并罚款 220 万元；对大华所责令改正；对签字会计师王海滨和刘春奎给予警告，分别处以 10 万元、5 万元罚款，并分别采取终身证券市场禁入措施②。拟没收法律服务机构大成所业务收入 50 万元，并罚款 100 万元；对签字律师丘远良、申林平、刘军、刘韬给予警告，并对丘远良、刘军分别处以 10 万元罚款，对申林平、刘韬分别处以 5 万元罚款；此外，对刘军采取 5 年证券市场禁入措施③。

（三）舞弊的识别

1. 利润指标显著异于同行业企业

新大地的招股说明书显示，2008－2010 三个会计年度，新大地分别实现主营业务收入 4 796.39 万元、8 756.86 万元和 12 334.23 万元，主营业务综合毛利率分别为 40.99%、34.58% 和 38.04%，毛利的年复合增长率达 54.48%，而近几年全国规模以上茶油加工企业的平均毛利率仅在 20% 至 25%④。这样的毛利率水平不仅在茶油企业属于凤毛麟角，而且在一般食用油行业也是非常罕见的。再结合新大地企业的自身运营状况来看，这样的业绩数据就更难让人信

① 中国证监会行政处罚决定书（南京证券有限责任公司、胡冰、廖建华），证监会官方网站，http://www.csrc.gov.cn/pub/zjhpublic/G00306212/201311/t20131115_238383.htm?keywords=%E5%8D%97%E4%BA%AC%E8%AF%81%E5%88%B8

② 中国证监会行政处罚决定书（大华会计师事务所有限公司、王海滨、刘春奎），证监会官方网站，http://www.csrc.gov.cn/pub/zjhpublic/G00306212/201311/t20131115_238379.htm?keywords=%E5%A4%A7%E5%8D%8E%E4%BC%9A%E8%AE%A1%E5%B8%88%E4%BA%8B%E5%8A%A1%E6%89%80

③ 中国证监会行政处罚决定书（北京市大成律师事务所、丘远良、申林平等 5 名责任人），证监会官方网站，http://www.csrc.gov.cn/pub/zjhpublic/G00306212/201311/t20131115_238381.htm?keywords=%E5%A4%A7%E6%88%90%E5%BE%8B%E5%B8%88

④ 广东新大地生物科技股份有限公司首次公开发行股票并在创业板上市招股说明书（申报稿），http://www.csrc.gov.cn/pub/zjhpublic/cyb/cybypl/201206/P020120627613610460013.pdf

服了。其招股说明书中披露，新大地的两种主要产品——精炼茶油和茶粕有机肥分别年产 1 500 吨和 9 000 吨。这样的生产规模较之同行业的江西青龙和湖南金浩等企业，是非常小的，即使在全国范围内，这样的产能也只能算作中等水平。况且，从品牌成熟度方面考虑，新大地尚处在品牌培育期，品牌认知度和明星产品还没有形成。因此，无论从生产能力还是营销能力来看，新大地根本无法实现如此高的销售额和毛利率。这样的业绩数据不但没有给新大地带来好的声誉，反而引来了外界对其数据真实性的广泛质疑。表 4. 27 列示了新大地与湖南金浩、江西青龙高科的生产及营销能力比较数据。

表 4. 27　新大地与湖南金浩、江西青龙高科的生产及营销能力比较

	新大地	湖南金浩	江西青龙高科
生产能力（年产）	精炼茶油 1 500 吨	精炼茶油 4. 2 万吨	1. 6 万吨冷榨茶油生产线
			2. 1 万吨浸出生产线
	茶粕有机肥 9 000 吨		1. 8 万吨精炼茶油生产线
主打品牌	“曼陀神露”系列，2009 年 10 月底至 2011 年初陆续注册生效。	问世近 20 年的老品牌、市场占有率高、知名度高	
营销能力	仅有唯一销售公司，2011 年 8 月 19 日注册成立，30 家经销商中将近 70% 都在公司所在地广东梅州	全国各大城市建有销售分公司、销售网点众多	

另外，新大地公司的主营产品为精炼茶油。有着“东方橄榄油”之称的茶油作为高档食用油，其生产成本会显著高于普通食用油，其市场价格一般也要比花生油、大豆油等一般食用油高出 2 ~ 3 倍。然而，有记者调查发现，新大地的茶油出厂价与零售花生油的价格基本一致，远远低于同行平均水平，这也充分显示了其财务数据的不真实，旨在通过少计成本提高利润的目的昭然若揭。

2. 股东兼任签字注册会计师

新大地的验资机构为立信会计师事务所，经办注册会计师为赵合宇、王海滨；审计机构为大华会计师事务所，经办注册会计师为王海滨、刘春奎①。不难发现，虽然验资业务和审计业务分由两家不同的会计师事务所承担，其相关的注册会计师却为同一人王海滨，这也是新大地财务舞弊案件的表现之一。另外，据调查，负责验资业务的另外一名注册会计师赵合宇同时兼任大昂集团有限公司总裁。而新大地招股说明书中列示的前十大股东中，持股比例为16.67%的大昂集团作为其第三大股东赫然在列。企业大股东的总经理兼任该企业的验资注册会计师，其出具的验资报告无法让人信服，相关中介机构在新大地财务舞弊事件中无法保持中立的立场，导致其未能以应有的职业谨慎辨别其财务报告的真实性，亦或是为上市公司舞弊出谋划策，共同造假。

（四）舞弊手段

1. 虚增利润

（1）收入造假

新大地进行收入造假的首要手段就是使用现金交易。现金交易较转账而言，其资金流向不容易留下痕迹。另外，不同于单纯的伪造票据，新大地在虚增现金收入的过程中选择真实客户进行“兑水掺假”，即同时对大量客户进行销售收入造假，但每家客户的销售额只进行少量虚增，如不认真进行比对很难发现。如新大地对某客户2009年真实的销售收入为38万多元，新大地当年通过造假虚增了对该客户的销售收入15万元，最后账面反映出来的就是53万元。

同时新大地通过将造假数据“化整为零”，即将虚增收入分散到数量众多的客户的方式实现虚增收入的目的。新大地的招股说明书显示，其主要客户非常分散，前十大客户销售金额占比在2011年达到最高时也仅为29.87%。因此，为了确认新大地的真实销售收入，

① 广东新大地生物科技股份有限公司首次公开发行股票并在创业板上市招股说明书（申报稿），http：//www.csrc.gov.cn /pub/zjhpublic/cyb/cybypl/201206/P020120627613610460013.pdf

证监会调查组走访了新大地的多家客户，前后共花了两个多月的时间。从调查组调查走访的新大地客户来看，造假数额多的有几十万元，少的只有几千元。这种手段极具隐秘性和迷惑性，使得相关监管机构需要花费更多的人力物力对其排查。

另外，新大地还通过“自买自卖”的手段达到虚增收入的目的。即虚构如购入原材料或在建工程物资等采购事项，将资金转至供应商，再由供应商向新大地购买产品，形成销售收入，转出的方式再以这种方式重新流入企业，实现收入虚增。据调查，新大地曾以支付工程款的方式，将资金转入某建造企业，该企业在扣除相关税金及过账费用后，再向新大地采购产品，将剩下的资金重新“返还”新大地。还有一种方法是改变资金用途。新大地曾将政府补贴款或是股权转让及通过员工个人贷款等方式获得的资金，转入其控制的关联企业，再通过关联方采购产品，形成销售收入，进而达到虚增收入的目的。如新大地实际控制人黄运江曾向某私募基金和投资公司私下转让其持有的新大地股份，获得的资金大部分用于虚增收入。根据报表披露，梅州市曼陀神露山茶油专卖店是新大地连续三年销售额较大的茶油客户，2009 年更是位列新大地十大销售客户的第一名。然而，根据媒体记者的调查，这家专卖店只卖新大地的产品，其实，它就是新大地自买自卖的门户。这些情况在新大地的招股说明书中完全没有体现，“自买自卖”的事实得到隐瞒，成为新大地公司虚增收入的一大主要手段。

（2）成本造假

根据新大地的财务报表，其产品的销售单价甚至无法弥补其原材料成本。新大地的招股说明书显示，2011 年，其主打产品精炼茶油的平均销售单价为 5.3 万元/吨，该产品的成本约为 3.96 万元/吨，这里的成本包括直接材料、直接人工和全部制造费用。但是，有关茶油精炼方面的专家表示，生产精炼茶油的主要工序为油茶籽压榨、茶粕浸出，其原材料成本约为 3.57 万元/吨，据此推算，生产一吨茶油只有不到 4 000 元来覆盖人工成本和制造费用，而这在食用油行业是无法实现的。另外，新大地披露，公司 2010 年和 2011

年的有机肥市场需求量分别是2 440吨和9 310吨。由于有机肥的主要成产材料为茶粕，且其需求比例为45%。据此可以推算其年茶粕需求量分别为1 098吨和4 189吨。但是，新大地招股说明书中显示，其2010年度和2011年度的有机肥耗用的茶粕仅为64.82吨和118.41吨。这一数据于理论上计算得出的数据相差甚远，故其报表前后有着巨大的矛盾。而这个矛盾的形成极有可能是企业虚减了茶粕成本或是虚增了有机肥的销售收入。

2. 违规披露

新大地违规披露行为主要表现在隐瞒关联交易及关联方。新大地招股说明书中披露的2009－2011年三年中企业的前十大客户共涉及22家企业，而证监会的调查结果显示，这22家企业中有近10家与新大地存在违规关联交易或虚假交易的情形。

据调查，包括梅州志联实业有限公司（以下简称“志联实业”）、梅州市维顺农工贸发展有限公司（以下简称“维顺工贸”）和梅州市康之基农业科技发展有限公司（以下简称“康之基”）等在内的多家新大地广东梅州的当地客户都与黄运江本人及其亲属有关。具体的，志联实业的出资人之一黄娴娴与黄云江是亲戚关系，而志联实业的法人代表马扬辉同时是新大地另一大客户康之基的法人代表。另外，康之基的出资人之一马绍桥又是新大地大客户维顺工贸的出资人。且有资料显示，康之基与维顺工贸的对外联系地址是一样的。可见，新大地客户之间错综复杂的关联关系可见一斑。三家广东省客户相互之间及各自与新大地的关系如图4.3所示。另外，2009年另一大主要客户——梅州市曼陀神露山茶油专卖店在2010年曾为黄运江的侄女黄双燕所持有，其出资人邹琼实为新大地公司的一名普通员工，证监会调查结果显示，“2011年，由新大地提供资金，经新大地的关联方梅州市曼陀神露山茶油专卖店（以下简称“曼陀神露”）、志联实业账户等最终回到新大地，虚增2011年营业收入3 920 221.5元，虚增营业成本2 383 143.75元，虚增利润总额 1 537 077. 75 元①。”

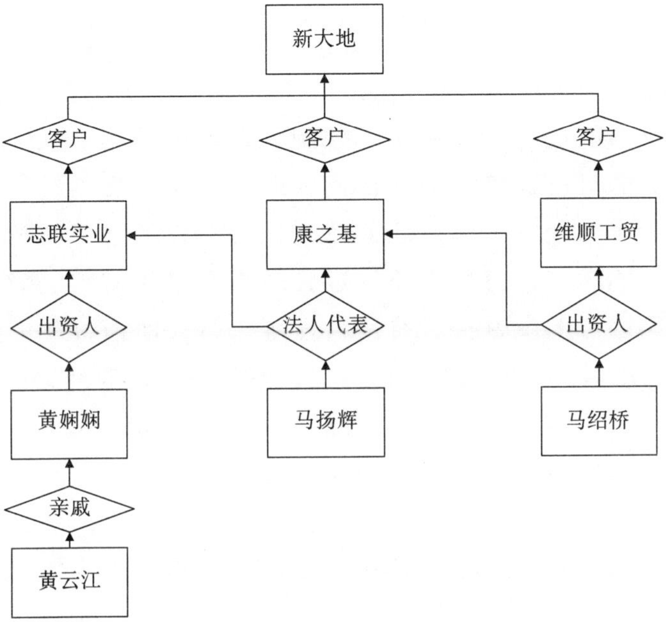

图 4. 3　三家广东省客户相互之间及其各自与新大地的关系

另外，据调查，2011 年新大地的第三大客户北京和风大地商贸有限公司（以下简称“和风大地”）成立于 2011 年 5 月，其注册后的第三天便与新大地签订了经销合同，并在随后的七个月内实现了新大地产品销售额 400 余万元。记者调查发现，和风大地的注册地址与新大地董事会秘书赵罡直接控制的北京福众金源环保科技有限公司的注册地址是相同的。由此可见，和风大地也是新大地设立的关联企业。这些信息已经有理由让我们相信，这些机构和客户之间通过董事会秘书赵罡、注册会计师赵合宇联系在一起。然而在新大地的招股说明书中对上述所有关联方关系只字未提，有严重隐瞒关联关系和关联方之间交易的嫌疑。

① 中国证监会行政处罚决定书（广东新大地生物科技股份有限公司、黄运江、凌梅兰等 16 名责任人），证监会官方网站，http: //www. csrc. gov. cn/pub/zjhpublic/G00306212/201311/t20131115_ 238374. htm? keywords =

（五）舞弊动因

1. 压力

从舞弊压力角度看，新大地的 IPO 造假，一方面体现在中小板、创业板发行估值过高，企业实际控制人在上市前花了大笔资金，指望上市之后能身价百倍，加倍捞回，期待暴富的强烈动机。另一方面体现在为繁荣地方经济，地方政府推动上市的怂恿和放纵。新大地公司所在地广东省梅州市及平远县政府在早年就曾经尝试劝说当地企业家们进行上市融资。有资料显示，新大地拟 IPO 前共获得税负减免及财政补贴合计约6 000 万元，倘若没有政府补助的支持，新大地很难完成上市业绩指标。因此，政府的支持和大力推动是企业上市巨大的助推力。即使新大地如今已终止上市，然而其所在的梅州市政府没有对此深刻反省，反到仍对其充满期待，并表示“我们肯定希望新大地能尽快走出困境顺利上市。”可见，新大地公司漏洞百出的经营情况和严重违规的招股书之所以能够顺利过关，与当地政府的一些行为是有紧密联系的。

2. 机会

在新大地 IPO 造假的过程中，其财务舞弊的机会主要体现在中介机构的失职。在新大地 IPO 过程中担任重要角色的四家中介机构都在不同程度上未能勤勉尽责，从而助推了新大地的舞弊。新大地的财务舞弊手段虽然相对隐秘，但其招股书的内容并非无懈可击，其中的前后矛盾之处也比比皆是，作为专业的保荐机构和审计机构从业人员以及注册会计师来说，是不可能无力发现其中的“秘密”的。但是，新大地的“问题”招股书依然能突破层层审查，并最终奇迹般获得创业板上市的批准，这实在是令人惊讶和愤怒的。以关联交易问题为例，媒体调查结果显示，连续三年位列新大地公司十大客户之一的梅州市某专卖店，其曾经的出资人竟然为新大地实际控制人的亲属，现为新大地员工，而申请文件却显示公司与该专卖店“不存在关联关系”，因此新大地存在隐瞒关联交易的嫌疑。在新大地欺诈上市案中，可以肯定的是中介机构并没有尽到勤勉尽职、审慎核查的义务。另外，如前所述，作为新大地验资注册会计师的赵合宇还担任了其大股东大昂集团的总经理，这充分表明了赵合宇完全丧失了作为审计师的独立性和基本的职业道德，然而新大地招股说明书中对此事只字未提，这已经是严重的"知法犯法"行为，可见新大地的财务舞弊案件从一开始就是一场预谋已久的阴谋。由于自身利益的关系，注册会计师在执业过程中往往会带有很大的随意性和主观性，不能保持独立、客观、公正的立场，无视职业道德的约束，从而为企业财务舞弊大开了方便之门。

3. 借口

不同于万福生科、绿大地等企业"明目张胆"的造假，新大地的舞弊采取了"兑水掺假"和"化整为零"的更为隐蔽的方式；也不同于前述成功抢滩资本市场的企业，新大地在上市之前就被紧急叫停。表面上看，新大地的舞弊案并没有造成投资者的巨额损失，但由此而引发的投资者对资本市场的"信任危机"才是重大而深远的。无论采取何种方式，舞弊归根到底都是"损己不利人"的败德行为，然而新大地的许多高级管理人员却不以为然、不以为耻，在调查过程中，将被调查的原因归结为"运气不好"，归结为"躺枪"。不难看出，管理层淡漠的法律意识、极端的机会主义和功利主义等是管理人员未对舞弊进行抵制，反倒助推舞弊的根源。

六、胜景山河财务舞弊案例分析

（一）企业概况

湖南胜景山河生物科技股份有限公司（简称"胜景山河"）成立于2008年，其前身为湖南古越楼台生物科技发展有限公司，公司于2008年12月31日被湖南省科技厅、湖南省财政厅、湖南省国家税务局和湖南省地方税务局联合认定为高新技术企业，主要从事新型黄酒的研发、生产与销售，旗下拥有"胜景山河"、"古越楼台"两大品牌，"喜酿"、"典"、"道"等多个系列10余种产品，其拥有的“四酶、二曲、一酵母”生物黄酒酿造技术为国内首创，并已获得国家发明专利①。胜景山河的法定代表人为姚胜，姚胜同时是公司控股股东及实际控制人，持股比例为36.39%。2010年，胜景山河拟登陆中小板上市融资，然而，由于涉嫌IPO造假被媒体曝光，故在上市前半小时被紧急叫停。深交所于2010年12月17日发布公告，经胜景山河申请，深交所同意其暂缓上市。

（二）舞弊事件经过及处理结果

1. 舞弊事件经过

2010年10月27日，证监会发审委批准通过了胜景山河的IPO申请。然而，2010年12月16日，媒体（《每日经济新闻》）发表了一篇质疑胜景山河销售数据的文章——《胜景山河涉嫌“酿造”弥天大谎》，文章质疑胜景山河在黄酒行业作为一家市场占有率较小的公司，其巨额销售收入数据涉嫌造假。依据中国酿酒工业协会黄酒分会2008年公布的黄酒生产水电消耗数据，可以推算发现，胜景山河披露的实际耗水量和耗电量根本无法支持其产能。为此，该媒体以此为证据向证监会相关部门进行了投诉。正因如此，胜景山河在原定的上市之日被紧急叫停，公司随即发布公告申请暂缓上市，同时表示将就社会各界提出的相关质疑配合证监会的核查并作出解释。2011年4月6日，证监会发审委会议对胜景山河首发申请进行第二次表决，其申请未获通过。

2. 处理结果

证监会于2011年4月6日发布《关于撤销湖南胜景山河生物科技股份有限公司首次公开发行股票行政许可的决定》，决定“撤销2010年11月26日作出的关于胜景山河首次公开发行股票的行政许可，并注销证监会许可《关于核准湖南胜景山河生物科技股份有限公司首次公开发行股票的批复》文件，胜景山河应当按照发行价并

---

① 湖南胜景山河生物科技股份有限公司首次公开发行股票招股说明书，和讯网，http：//download. hexun. com /Txtdata/stock_ detail_ txt_ 58749854. shtml

加算银行同期存款利息返还证券持有人①。”

对于胜景山河 IPO 中参与造假的保荐机构平安证券、中审国际会计师事务所以及法务机构湖南启元律师事务所，证监会也对其开具了罚单。证监会决定，撤销保荐人林辉和周凌云的保荐代表人资格，对审计和法务机构均出示了警示函，并对相关签字注册会计师和签字律师作出了处罚。

（三）舞弊的识别

1. 利润指标显著异于同行业企业

2010 年 11 月，胜景山河发布招股说明书，招股说明书显示公司 2007 年、2008 年、2009 年及 2010 年上半年度，公司营业收入分别为 0.87 亿元、1.23 亿元、1.59 亿元、1.01 亿元；基本每股收益分别为 0.55 元、0.54 元、0.55 元、0.45 元；销售毛利率分别是 54.42%、48.22%、50.02%、51.37%②，表 4.28 详细列示了 2007 - 2010 年上半年胜景山河销售收入情况。胜景山河三年的毛利率水平均高于同期行业平均值 40% 约 10 个百分点。其毛利率如此之高，关键在于其产品销售价格远高于同业水平，更远远超出同行业的龙头企业的产品售价。胜景山河的招股说明书显示，行业龙头企业金枫酒业、会稽山、古越龙山、张家港、塔牌等知名企业，2008 年平均销售价格分别为 0.53 万元/吨、0.6 万元/吨、0.62 万元/吨、0.84 万元/吨和 0.91 万元/吨③。而同期胜景山河的产品均价为 2.436 万元/吨，最多高出前述同一行业龙头企业 4.6 倍。倘若根据 2008 年黄酒行业龙头企业售价的均价 0.7 万元/吨计算胜景山河上市前三年

① 关于撤销湖南胜景山河生物科技股份有限公司首次公开发行股票行政许可的决定，证监会官方网站，http://www.csrc.gov.cn/pub/zjhpublic/G00306202/201107/t20110727_198092.htm

② 湖南胜景山河生物科技股份有限公司首次公开发行股票招股说明书，和讯网，http://download.hexun.com/Txtdata/stock_detail_txt_58749854.shtml

③ 湖南胜景山河生物科技股份有限公司首次公开发行股票招股说明书，和讯网，http://download.hexun.com/Txtdata/stock_detail_txt_58749854.shtml

净利润，其结果均为负。另外，2007－2010年上半年胜景山河经营活动产生的现金流量净额分别为－4 515.35万元、－2 706.22万元、337.06万元和217.15万元①。可见如此“可观”的收益也并没有体现到现金流量上来，这也是不合常理的。另外，胜景山河地处湖南岳阳，销售渠道集中于湖南，属于黄酒的非传统消费区。据调查，湖南省黄酒的主要市场集中在长沙，但长沙的诸多商场、超市中热销的多为古越龙山、会稽山等品牌，胜景山河旗下的黄酒鲜有销售。其产销量在全国范围内来看也明显低于同业的龙头企业，是黄酒行业的“小辈”。但是就是这样一家名不见经传的“小辈”却连年创造销售奇迹，其中必然是企业欺诈作祟。

表4.28　　2007－2010年上半年胜景山河销售收入情况

	2007年	2008年	2009年	2010年上半年
营业收入	8 693.19万元	1.22亿元	1.59亿元	1.01亿元
基本每股收益	0.55元	0.71元	0.599元	0.447元
销售毛利率	54.45%	48.36%	50.14%	51.38%
	行业平均为40%			
销售价格	–	2.436	2.133	–
（万元/吨）	行业平均为0.7			

2. 产能与成本不配比

中国酿酒工业协会黄酒分会2008年公布的数据显示，平均每吨黄酒消耗水15.79立方米，耗电68.42千瓦时②。胜景山河在其招股说明书中公布其2007－2009年的原酒产量分别为0.64万吨、1.65万吨和1.59万吨。参照前述黄酒分会的数据，结合胜景山河原酒产量数据，不难得到2007－2009年三年间胜景山河平均耗水量和耗电量，进而参照水电的均价，计算得出各年的用水和用电成本显著高于其披露的水电费用。如果按照招股说明书中披露的水电购买量，

① 湖南胜景山河生物科技股份有限公司首次公开发行股票招股说明书，和讯网，http://download.hexun.com/Txtdata/stock_detail_txt_58749854.shtml

② 张泉．胜景山河股票发行失败案例［J］．新会计，2012．12：18～19

用每吨黄酒消耗水15.79立方米，耗电68.42千瓦时计算得到的结果分别为：根据耗水量测算，2007－2010年上半年，产量应分别为0.31万－0.343万吨；根据耗电量测算，应为0.13万－0.21万吨。根据水电费计算出来的原酒产量与招股说明书中公布的产量有较大差距，而公司存货又未经监盘，库存存货的实际数额可能虚增①。

（四）舞弊手段

1. 虚增存货

胜景山河招股说明书显示，2010年上半年企业存货余额3.12亿元，较2007年1.25亿元增长近2.5倍，增长幅度之大令人咂舌，且其存货占流动资产比重在90%左右，占全部资产份额逾50%。如此高的存货资产比例，一方面说明了企业规模和产能的扩张速度过快，有虚增资产之嫌，另一方面也揭示了企业因此增大了现金流风险，资金周转情况可能存在问题。表4.29详细列示了2007－2010年上半年胜景山河的存货情况。另外，证监会在抽查审计工作底稿时发现，中审国际会计师事务所并未对胜景山河存放于防空洞的2.22万吨库存原酒存货实施盘点或监盘等审计程序，调查发现，注册会计师仅采取了估算防空洞容积的方法测算了储酒数量，因此，未能对该部分存货未获取充分、适当的审计证据。由此可见，面对农业企业存货盘点困难的问题，注册会计师倘若不能保持应有的职业谨慎和专业的职业素养，就会为农业企业虚增存货提供广阔的空间。

表4.29　2007－2010年上半年胜景山河的存货情况　单位：元

	2010年6月30日	2009年12月31日	2008年12月31日	2007年12月31日
存货	311 742 381.13	277 079 897.89	216 488 932.61	124 806 735.16
存货减值准备	–	–	–	–
流动资产	331 063 577.14	311 754 201.86	238 370 406.54	167 546 048.27

① 张泉．胜景山河股票发行失败案例［J］．新会计，2012．12：18～19

续表

	2010年6月30日	2009年12月31日	2008年12月31日	2007年12月31日
存货占流动资产比例	94%	89%	91%	74%
总资产	406 825 153.24	389 231 460.71	319 324 837.20	252 400 499.13
存货占总资产比例	77%	71%	68%	49%

2. 违规披露

胜景山河违规披露的财务舞弊行为主要表现在隐瞒关联交易上。IPO造假常用手段之一就是通过与关联公司进行关联交易，以非公允的价格买入或卖出产品，调节收入或支出，操纵利润虚增业绩。这种方法既方便可行又不易被察觉，因此被诸多舞弊企业广泛使用。证监会的调查结果显示，“胜景山河的招股说明书未按要求披露下列事项：一是岳阳市明明德商贸有限公司是其主要客户之一，根据相关规则，2007年12月至2008年5月期间明明德商贸与其存在关联关系，但招股说明书中未披露明明德商贸与其关联方关系和关联交易；二是平江汉昌建筑公司、岳阳辉轮贸易公司和深圳诚德商贸三家公司2008年向胜景山河采购黄酒金额分别为400万元、600万元和508.24万元，均超过招股说明书中披露的第五大客户采购金额①。”胜景山河的招股说明书均未披露上述直销客户的情况。

（五）舞弊动因

1. 压力

胜景山河的舞弊压力主要在于其上市的压力，而胜景山河谋求上市是由于其产品同质性高，行业竞争压力大。我国酿酒业近年发展迅速，行业内企业众多，且不同品牌间酒类差异小，同质化现象严重。因此，在高度竞争的酿酒业内，要想提升知名度、扩大影响

① 关于撤销湖南胜景山河生物科技股份有限公司首次公开发行股票行政许可的决定，证监会官方网站，http://www.csrc.gov.cn/pub/zjhpublic/G00306202/201107/t20110727_198092.htm

力或是扩大生产规模、开拓市场，企业唯有通过上市大规模融资才能满足企业的发展需要。在这种行业发展因素驱动下，胜景山河必然希望通过 IPO 成功上市，一方面可以提高企业声誉和知名度，另一方面也能为企业带来巨额融资收益。在这样的背景下，胜景山河倘若不满足《证券法》对企业 IPO 的硬性财务指标要求，其必然会设法通过财务造假和欺诈的方式在资本市场上谋求一席之地。

2. 机会

（1）“一股独大”的股权结构

频发的财务舞弊事件多集中于中小企业或一些家族式企业中，这些公司从结构上来看都明显有着“一股独大”的特点，胜景山河也不例外。胜景山河招股说明书中披露，其董事长姚胜持有公司 1 856 万股股权，占发行前总股本的 36.39%，为公司控股股东及实际控制人①，且其同时兼任公司总经理。在这样的股权和公司治理结构下，股权集中于个别人之手，中小股东几乎没有发言权，整个公司的治理掌握在一个人手中。另外，董事长兼任总经理，使得实际上公司经营权与所有权并没有分离。因此，在当前的资本市场中，通常是第二类代理问题较第一类代理问题更为严重，大股东控制的堑壕效应日益凸显，大股东通过对企业的绝对控制从而实施一系列侵占小股东权益以谋求一己私利，在这样缺失中小股东监督的股权结构下，必然会为大股东伙同管理层舞弊营造机会。

（2）保荐机构未能勤勉尽责

如前所述，胜景山河的招股说明书漏洞百出，然而，却能被平安证券顺利送上通往上市的直通车，倘若不是媒体曝光，按其每股 34. 2 元的发行价格，胜景山河则会在资本市场上顺利融资 5. 8 亿元。证监会在调查过程中发现，平安证券及胜景山河的保荐代表人林辉在执业过程中未尽职履行其监督核查的职责，存在包括对胜景山河的销售及客户情况、关联方等事项核查不充分、未对胜景山河前五

① 湖南胜景山河生物科技股份有限公司首次公开发行股票招股说明书，和讯网，http://download.hexun.com/Txtdata/stock_detail_txt_58749854.shtml

大客户进行任何函证或访谈以及未对会计师工作进行审慎复核等问题。我国《证券发行上市保荐业务管理办法》规定，“保荐机构应当尽职推荐发行人证券发行上市。保荐机构推荐发行人证券发行上市，应当遵循诚实守信、勤勉尽责的原则，按照中国证监会对保荐机构尽职调查工作的要求，对发行人进行全面调查，充分了解发行人的经营状况及其面临的风险和问题。保荐机构在推荐发行人首次公开发行股票并上市前，应当对发行人进行辅导，发行人证券上市后，保荐机构应当持续督导发行人履行规范运作、信守承诺、信息披露等义务①。”但在当前，我国的保荐机构及保荐代表人无视法规条文规定，违法违规现象频繁发生，在巨额保荐收入的吸引下，保荐代表人浮躁情绪严重，玩忽职守，对违规企业大开绿灯，从而助长了企业舞弊的嚣张气焰。另外，据调查，林辉在接手胜景山河项目之前参与的四个 IPO 项目中有两家现已沦为壳公司戴上了“ST”帽子，并面临着重组的风险，对于林辉这样有“前科”的保荐人，证券市场的监管层却没能加以调查和监管，这也在一定程度上说明了我国证券市场上监管层的监督体系不健全和不成熟，存在着监管漏洞。

3. 借口

同新大地一样，胜景山河也是在上市前“临门一脚”却被叫停，也是管理层为了成功 IPO，无所不用其极，无视职业道德和职业操守，肆意美化报表，骗得发行。但胜景山河事件引发最多讨论的是保荐机构的“只荐不保”和发审委的“只发不审”，这一方面体现的是外部监管机构和从业人员职业能力的不足，但更重要的是体现了当前整个资本市场机构和人员的浮躁心理和强烈的功利和机会主义，整个资本市场环境诚信的缺失为上市公司财务舞弊提供了直接的借口，也大开了造假上市的方便之门。因此，只有强化整个社会每一个个体、每一个企业组织、每一个行业的道德水平和责任意识，才能从源头上为整个社会的经济发展提供动力和保障。

① 《证券发行上市保荐业务管理办法》，2009

第五章

农业类上市公司财务舞弊总体特征分析

一、我国农业企业总体特点

（一）企业规模小，现金结算比例高

农业企业的发展壮大是以土地规模的扩张为前提的，然而，适宜企业生产农产品的土地资源又是极其有限的，因此受制于稀缺的土地资源，农业企业往往无法达到工业企业的扩张速度和生产规模。除土地资源有限外，当前在国有股和法人股主导的背景下，我国农业类上市公司资产规模和股本规模也普遍不大，以中小盘股居多，而小的资产规模和生产规模必然会对农业企业搞科研创新产生阻碍，从而制约了企业核心竞争力的形成。

当前，我国基本实现了农业产业化经营，截至目前，我国共拥有 11 万家农业产业化企业，这些企业提供的农产品及加工制品占我国整个农产品市场的三分之一，它们日益成为我国发展现代农业和保障农产品持续有效供给的中坚力量，但龙头企业规模小、创新能力不足、融资难、负担重等问题也亟待解决。不同于一般工商业企业，农产品的购销客户通常是农民，因此结算通常采用现金的方式，

而不是银行转账的结算方式。由于现金结算通常不会留下资金流向的痕迹，这一方面导致了企业财务风险的增大，另一方面也使得监管者不容易追溯企业的资金流，由于客户终端的分散，使得对农业企业交易真实性和准确性的核查变得十分困难，监管人员无法逐户核查交易的真实性以及交易金额、交易数量、交易时间等详细信息，农业企业的舞弊者也因此更容易躲过法律的制裁。

（二）“一股独大”，股权结构不合理

我国上市公司的股权结构普遍存在着“一股独大”的特点，据统计，当前我国上市公司的第一大股东持股比例多在40%以上，且以国有股和法人股等非流通股为主，股权高度集中，呈现出金字塔式的股权结构特点。一方面，农业企业多由国有企业改制而来，国有股“一股独大”的现象严重，在此背景下，农业企业的所有者往往是缺位的，其对管理层监管的力度和动力都不足，从而极易导致管理层集企业控制权、经营权、监督权、决策权于一身，形成内部人控制。另一方面，新兴的民营农业上市公司多以“家族式”经营模式为主，董事长为第一大股东的现象普遍，其持股比例高，在企业拥有绝对的权威和控制权，在“家族式”的管理模式下，企业管理层常由董事长的近亲组成，在这样的组织架构下，监事会、企业内部审计部门等内部监管机构难以发挥作用，这种内控环境下，就极易产生管理层操纵下的财务舞弊和造假行为。

（三）经营风险高，盈利能力弱

农业企业的生产经营在很大程度上受土壤、水源、天气等诸多自然环境因素影响，虽然近年来，随着农业生产技术水平和产业化水平的提高，环境对农业企业发展的制约作用在逐步减弱。但相对于其他行业企业而言，农业企业面临的自然环境风险仍然是巨大的，从而导致了农业企业收益率的不确定性较其他企业更大，农业企业面临的经营风险和财务风险都较高。另外，农业的这种弱质性导致农业企业资本回收周期长，在资本市场中的比价效应较低，由于资

本都是逐利的，农业企业一旦进入资本市场，就要满足投资者的收益预期，保持较高的收益水平，以满足投资者尽可能早地收回投资，获取超额收益的需求。于是，在这样的压力下，一方面有许多企业作出了财务造假的选择，另一方面，也有越来越多的农业企业渐渐背离主业，不顾自身发展优势和局限，盲目开展多元化经营战略，纷纷投资时下热门的一些非农行业，跟风投资涉足新领域，从而进一步加大了农业企业的经营风险，加之许多农业企业自身人才结构和组织结构均不适应多元化战略，最终导致经营失败。

由于大多数农业类上市公司身兼双重角色，一方面需要从社会稳定出发，为保护广大农民利益，以市场保护价收购农户的农副产品；另一方面，又要作为市场参与的主体，承担变化无常的市场风险。而且，农业类上市公司往往技术创新能力不强，可持续经营能力差，由于农业的特殊性，受自然环境的影响较大，因此农业类上市公司面对的市场不稳定因素可预测性要远低于其他行业上市公司。由于农业类上市公司这样的自身特性，使得大部分公司只注重“量”的发展，而忽略了“质”的提高，对企业而言，资源优势和技术优势都能形成相应的壁垒，减少来自同质产品的竞争压力，但目前农业上市公司在行业中总体竞争优势并不明显，因此普遍面临经营能力下降，经营风险上升的问题。

（四）产品特殊，存货盘点困难

农业企业较非农企业而言，其产品有其显著的特殊性。首先，农产品受生长周期的影响，周期性和季节性特征明显；其次，农产品受生长环境的制约，地域性较强，某些特殊作物的生产基地多位于高寒和偏远地区；最后，包括鱼、虾等在内的生物类资产难以盘点计数，而且，由于生物资产的自然增值性，也导致对其的会计计量、记录和确认存在一定的困难。农产品的这三个特性，导致有关部门或中介机构在对农业企业进行审查或审计时，受盘点途径、手段、方法、成本等的限制，难以获取到其精确地存货或原材料数据，这为农业企业进行财务造假提供了天然的机会和有别于其他行业企业的舞弊手段。

（五）过度依赖政府补贴，缺乏创新动力

我国是一个农业大国，农业人口多，农村面积大，“三农”问题直接关乎国家稳定和富强繁荣，因此，为促进农村经济又好又快发展，政府对农业企业定向出台了大量支持和补贴政策。当前农业企业取得的政府补贴收入主要可以分为以下三种，一是诸如拆迁补偿或市政建设补偿等企业取得的政府补偿款；二是政府对涉及环保行业或其他特殊行业、项目的针对具体企业的补贴；三是地方政府直接拨付的财政资金，用来缓解上市公司遇到的资金困难问题。此外，还有一项是先征所得税后再返还的补贴。由于现行的补贴政策多以政府无偿投入的方式进行，企业可以以取得收益的方式直接将其计入利润表，这就使得我国农业企业对这一部分非营利性利润产生较大依赖，当企业经营出现困难或是经营业绩不好时，企业首先想到的是向政府要补贴来渡过难关，而不是如何通过改进技术提升生产效率、如何进一步开拓国际国内市场、如何通过改进企业治理机制提升企业管理机制。因此，在当前我国政府的扶持政策和运行机制的背景下，部分农业企业严重缺乏技术创新和管理创新的动力以及市场竞争的意识，把政府当“奶妈”，通过频频向政府寻租来保利润和保发展。

二、农业类上市公司财务舞弊的常用手段

如表 5.1 所示，前述六家农业类舞弊上市公司惯用的造假手段主要有虚增利润、虚增资产和虚减负债、违规关联交易及违规披露四大类。虽然六家企业舞弊手段不尽相同，但无论是直接虚增收入、虚减成本费用还是通过虚增资产、虚减负债、违规关联交易和违规披露等间接方式，舞弊企业都意在做大利润、提升经营业绩。结合案例资料，对上述四种舞弊手段的运用方法及其应用效果剖析如下。

表 5.1　　　　　　六家案例企业舞弊手段对比分析

舞弊手段		绿大地	华阳科技	紫鑫药业	万福生科	新大地	胜景山河
虚增利润		√		√	√	√	
虚增资产	虚增存货	√					√
	虚增固定资产	√					
	虚增无形资产	√		√			
	虚增在建工程				√		
	虚增应收/预付账款				√		
虚减负债			√				
违规关联交易				√			
违规披露	隐瞒关联交易		√			√	√
	隐瞒非经营性资金往来		√				
	隐瞒重大事项				√		

（一）虚增利润

农业类上市公司同一般上市企业一样，也多采用虚增利润的舞弊手法。本书描述的案例中，几乎都采用了这一舞弊手段实现美化财报的目的。而虚增利润的具体应用手段，又分为虚增收入和虚减成本费用两大类。

从虚增收入来看，主要有三种情形，一是在不满收入确认条件的情况下强行确认收入；二是虚构收入，即通过编造销售合同、虚开增值税专用发票、伪造和变造银行单据、报关单等其他单据的方式，虚构经济业务，以达到虚增销售收入的目的；三是通过不公允的关联交易，向关联方以远高于市场价格的销售价格销售商品和提供劳务的方式，做大营业收入。本书案例中主要涉及了后两种收入虚增方式，绿大地通过虚构客户和关联方交易的方式实现了营业收入的大幅增长。紫鑫药业则通过与下游客户、上游供应商错综复杂的交易行为实现了净利润增长率的极大提升。而新大地并没有选择传统的虚增利润方法，而是通过选择真实客户进行兑水掺假和对分散的诸多客户销售收入进行调节的手段，这种舞弊手段较绿大地及紫鑫药业而言，更为隐蔽，不易察觉，需要监管机构具备良好的专业素养、洞察力及细致入微的分析考察才能辨别。万福生科则通过赤裸裸的编造销售记录、主要客户乃至销售产品的方式，进行盈余操纵，实现了收入 1.9 亿元的虚增。

从虚减成本费用来看，也有三种做法，一是在确认收入的时候，不按照配比原则确认相关的成本费用；二是违反会计准则的相关规定，在应计提资产减值准备或折旧的情况下，少提或不提，亦或是不对无形资产、待摊费用、长期待摊费用等进行合理摊销，把应该费用化的借款费用资本化等；三是将应由上市公司承担的相关成本费用转嫁给其母公司、兄弟单位或控股企业等关联方。因此，通过人为调增收入、调小成本费用，即可以实现美化以利润为基础的相关财务指标。在本书所涉及的案例中，新大地就未践行配比原则将成本进行完整的确认，从而降低其原材料茶粕的成本，进而实现精炼茶油产品成本显著低于同行，从而成功实现通过少计成本虚增利润的目的。

综上所述，一方面，造假企业主要通过构造实质上并没有的交易和事项，并让其“实实在在”地发生，从而实现虚增企业的业绩以达到美化报表的目的。如此，通过虚构交易事项，并配合伪造原始凭证的方式，是当前广泛使用并且最为快捷的方式。同时，为了完美还原其交易全貌，舞弊企业通常会仿造有关合同和签章，并以此为基础结转收入和成本，从而完成虚增利润全过程。另一方面，舞弊企业也会以真实交易为依托，通过夸大实际销售额的方式虚增销售收入或虚减成本的方式，以实现虚增利润的目的。绿大地 2004 年至 2007 年上半年在累计实现收入 6.26 亿元中虚增收入合计 2.96 亿元，其主要手段就是通过虚构客户和关联方交易。

（二）虚增资产

农业类上市企业财务舞弊的第二大常用手段是虚增资产，当企业财务状况不好时，管理层还会通过虚增资产、虚减负债的方式做大所有者权益，以体现企业良好的偿债能力和稳定的状况。从而实现上市融资或上市后再融资的目的。企业通常采用做大资产入账价值、虚列资产等方式实现资产虚增。而低估负债的具体做法主要包括隐瞒负债和不确认或有负债两种方式。从本书涉及的案例中，不难看出，相较负债舞弊，农业类上市公司更倾向于资产舞弊。

农业类上市公司常用的虚增资产的手段主要有虚增存货、固定资产、土地使用权以及虚增应收账款、预付账款和在建工程。由于农业企业存货具有不易盘点的天然特点，在诸多虚增资产的舞弊手段中，尤以存货舞弊运用最多。绿大地、紫鑫药业、万福生科三家企业都不约而同地采用了存货舞弊。绿大地未对其存货的主要组成部分消耗性材料——绿化苗木计提任何减值准备，从而通过这种少提乃至不提减值准备的方式实现存货账面余额的虚高，进而间接实现虚增资产的目的。紫鑫药业是利用了其主要材料“野山参”无市场公允报价和正规合同这一特点，虚增“野山参”的入账价值，从而实现虚增资产的目的。胜景山河则是利用其主要存货——原酒存放地点的地理优势，审计机构由于无法对其放置于防空洞的原酒进行实地盘点，未能取得充分适当的审计证据，在这种情况下，企业进行存货舞弊就尤其轻而易举了。由此可见，农业企业进行存货舞弊具有天然的优势和天然的屏障。

相较这三家企业，万福生科则另辟蹊径，主要采用虚增往来交易款和在建工程的方式进行舞弊。万福生科熟练运用“预付账款”和“在建工程”两个会计科目，通过将虚假的往来款和交易款纳入这两个账户，起到掩人耳目虚增资产的作用。万福生科的这种选择是有原因的，一是作为新生上市公司，大额的在建工程募投项目是正常的，因此不会轻易引发投资者及监管者的猜疑。二是当前我国募投项目普遍存在资金挪用等问题，但常常也无人过问和深入调查。另外，预付账款也是企业的重要资产，而且相比于应收账款等敏感性较大的科目而言，预付账款往往容易被忽略，因此一些企业就在预付账款这一科目上大做文章，以达到虚增资产的目的。

（三）违规关联交易

农业企业舞弊的第三大法宝是利用错综复杂的关联交易掩人耳

目。关联交易通常具有两面性，首先它有利于企业充分利用内部资源，享受低廉的内部交易成本，提升企业的生产经营效率，同时提升财务业绩。但同时，由于关联交易的价格通常由双方协定，因此，它又为通过制定不公允的交易价格规避税负、虚增收入提供了天然的屏障。

农业企业的违规关联交易主要表现在企业通过虚构下游客户和上游供应商，进行表面上非关联化的、实际上不公允的关联交易。而不公允的关联交易又分为非经常性的关联交易和经常性的关联交易。非经常性的关联交易，主要指的是委托或合作投资、托管经营以及收取资金占用费等，企业非经常性的关联交易通常不是很多，并且一旦发生，便会引起投资者的关注，因此上市公司通常对非经常性关联交易披露详细，且鲜有作假。但通过经常性关联交易进行财务舞弊却是时常发生的，且不易识别。在农业企业财务舞弊中，上市公司通常进行的是经常性的关联交易，其中以日常采购利用关联方造假最为常见。原因是如果企业刻意隐瞒了关联方信息，会计师事务所通常又没有足够的审计资源去追溯每一个客户的设立、运营及人员结构，因此就很难识别违规的关联交易。以本书案例中的紫鑫药业为例，它就是通过虚构上下游客户，通过实际上自买自卖的关联交易，完成了表面上企业业绩的增长，从而在资本市场上红极一时。无独有偶，绿大地董事长何学葵通过让财务总监赵海艳、赵海丽及其自有员工先后共计注册 35 家公司的方式，进行大规模企业销售和采购的操纵。绿大地通过实际控制的这些关联企业，也成功通过资金自体循环的方式，随意调增收入和资产，调减成本费用，轻松实现资本市场入门的业绩要求，也以此成功吸引了大批投资者，从而扩大了融资收益。

（四）违规披露

我国农业类上市公司涉及的违规披露问题主要指的是相关财务信息的瞒报和迟报。上市公司常常隐瞒或拖延披露对企业不利的或企业编造的虚假的会计信息，从而直接影响了投资者的投资决策，或误导其作出错误决策，造成其经济损失。上述事项一般包括：企业牵涉的重大案件、银行对企业借款的限制条款、关联交易、或有负债等。我国《上市公司信息披露管理办法》第三十条规定：发生可能对上市公司证券及其衍生品种交易价格产生较大影响的重大事件，投资者尚未得知时，上市公司应当立即披露，说明事件的起因、目前的状态和可能产生的影响①。农业类上市公司违规披露对象主要涉及的就是前述提及的关联方和关联交易。

华阳科技不仅隐瞒了与华天化工和华秦化工的关联方关系，还隐瞒了与关联方华阳集团的大额频繁的非经营性资金往来，以及与华天化工和华秦化工合计近 700 万元的采购和销售业务，从而通过隐瞒管理方交易，进行收入操纵，实现财务造假的目的。新大地亦是通过隐瞒包括与新大地董事长秘书赵罡、验资签字注册会计师赵合宇以及新大地董事长黄运江的多位亲属控制企业的关联方关系，并进一步通过虚假销售、不公允关联交易等方式进行财务舞弊。胜景山河也在年报中隐瞒了与明明德商贸的关联关系及发生的关联交易，另外还隐瞒了关联方是其主要销售客户的事实，未对其主要关联方的直销采购金额进行依法披露。由此可见，违规披露作为企业舞弊链条的末节，同样应当引起监管机构的高度重视，这种“不作为”的瞒报舞弊形式，也应当受到严惩。

三、农业类上市公司财务舞弊的动因

（一）压力

1. 企业内部因素

农业类上市公司同一般企业一样，财务舞弊的压力主要来源于为实现成功上市融资，满足当前制度规定下企业上市及增发的财务指标的要求。在本书涉及的案例中，以绿大地最为典型，绿大地在

① 中国证券监督管理委员会令第 40 号《上市公司信息披露管理办法》，2007

上市前三年实质上一直处于亏损状态，这样的业绩表现在我国当前发行制度下根本无法实现上市融资的目的，基于满足上市盈利指标的需要，绿大地采用了多种手段进行利润调节以达到上市条件。同时，企业无所不用其极谋求上市的压力也在于企业面临的自身财务压力和行业竞争压力。以万福生科为例，在上市前，万福生科的资产负债率极高，企业面临很大的财务风险和很大的偿债压力，在这样的背景下，万福生科选择了包装上市，通过低成本的股权融资来缓解企业债务的压力。而胜景山河面临的行业竞争压力，则是我国农业企业普遍面临的压力，由于农业产品的同质性高，产品附加值小，进入门槛低，因此行业竞争较其他行业更为激烈，在这样的行业市场环境下，农业企业都希望通过上市来提升企业知名度，同时也可以通过融资实现企业规模扩大，从而保持或占据一个强有力的竞争地位。再者，当前我国资本市场“一夜暴富”的神话比比皆是，在这样的市场氛围的感染下，也促使越来越多的企业甘愿冒违法违规的风险通过财务舞弊包装上市，从而实现进入资本市场圈钱的目的，这种现象在高管持股的企业尤为多见，持有股权的企业高管通常在企业上市后就会择机抛售股票以套取大额现金。

另外，许多上市公司制定的高管激励政策都与企业当前业绩挂钩，未实现业绩指标的经理人及其他管理人员，或无法取得全部薪酬，或被替换，甚至解雇。那么在这种情形下，企业经营者从自身利益出发，就趋向于运用舞弊手段拉高企业利润，以实现其薪酬最大化和职级的提升。财务指标占比过大的企业业绩评价体系会催生企业的短视行为，使得企业通过不惜牺牲长远利益来谋求短期效益，或是为完成业绩指标，作出与企业战略背道而驰的决策，从而严重阻碍了企业的可持续发展。以华阳科技为例，其资产规模在上市企业中相对较小，但是绩效评价模型中财务指标占80%的权重，使得企业重视短期财务结果，不愿意进行可能影响盈利水平的资本投资，进而影响了该公司实现长期战略目标，评价内容不全面，财务指标权重过大，不利于企业的战略管理，同时也使得华阳科技的管理层为了实现业绩评价指标，采用舞弊手段来粉饰财务报表。

2. 外部因素

通过案例可以发现，我国农业类上市公司普遍受到地方政府的干扰，上市公司所在地市政府通常为了提升自身政绩，吸引投资，实现地方繁荣，鼓励并且推动企业上市。一方面，我国农业类上市公司多为国有企业改制而来，国有上市公司的高层管理人员，如董事长、总经理往往是有关政府部门指定的，这些委派的高管的经营业绩不仅与其自身薪酬有关，更重要的是，还与其政治待遇和前途密切相关，公司高级管理人员为了在任期内创造新的增长业绩，显示出自己的领导才能，得到职位上的晋升，在企业的真实经营状况难以达到目标的情况下，通常通过在财务数据上做手脚以实现目标。另一方面，倘若上市的目标不仅关乎企业，还与地方政府的绩效和树立名牌企业繁荣地区经济有关，那么拟上市企业必然会得到地方政府的大力支持和鼓励，地方政府对这些拟上市企业的违法违规行为自然会“视而不见”，让其顺利“过关”。湖南省常德市政府的一些盲目行为和政绩工程对万福生科 IPO 造假具有推波助澜的作用，从这个角度讲万福生科也可以说是“受害者”之一。湖南省常德市就曾经出台文件《常德市人民政府办公室关于做好企业上市工作的通知》，要求各单位积极支持企业上市，鼓励企业上市。另外，常德市也曾经出台多项奖励政策，扶持当地企业上市。同样，万福生科作为一家以粮食加工为主要业务的农业企业，享受多项国家税收优惠（如增值税零税率等）和政策补贴，在当地也是规模较大的企业，自然会“晋升”为上市重点扶持企业。除此之外，无论是绿大地在舞弊曝光后向云南省政府寻求救援，还是华阳县政府与华阳科技的利益纠葛，亦或是吉林省专门成立的上市办帮助紫鑫药业上市顺利冲关，这些农业企业的上市都有着地方政府“功不可没”的支持，以政府为靠山或是被政府“绑架”上市，都使得企业造假更加肆无忌惮。

（二）机会

1. 企业内部因素

我国农业类上市公司普遍存在着不合理的股权结构和不合理的公司治理结构。这二者直接造成企业内部监管的缺失，从而为企业财务舞弊打开了方便之门。

从股权结构来看，我国农业类上市公司普遍存在着“一股独大”的金字塔式股权结构的弊端。在一股独大的股权结构下，公司完全沦为大股东的一人公司，大股东对企业享有绝对的控制权和决策权，在这种权力背景下，企业的内部监督机制通常很难起到控制与制衡的作用。因此，在这样股权结构的影响下，农业类上市公司大股东兼任总经理的现象普遍，内部人控制严重。在这样的环境下，企业实际控制人通常可以“一手遮天”，不受董事会的制约，为了谋求一己私利操纵财务人员进行舞弊。本书涉及的六个案例中，毫无例外地全部存在这样的问题，区别只在“一股独大”的“一股”是法人股还是国有股，无论大股东的性质为何，其造成的后果都是一样的，即企业严重缺失股东对管理层的监督和制约，从而造成了大股东作为企业实际控制人主导企业舞弊的现象。

从公司内部治理结构来看，除了我国农业类上市公司一方面内部人控制问题严重，农业上市公司内部审计委员会、独立董事和内部审计部门也基本形同虚设，没有发挥其应有的监督作用。这些内控职能部门普遍缺乏独立性，业务素质和职业道德素养也不能令人满意，公司内部监管控制的薄弱给了财务舞弊者以可乘之机，由于目前我国农业类上市公司股权集中度很大，独立董事的提名以及监事会成员的选人基本还是取决于管理层的意志，至于法律规定的“单独或合并持有农业类上市公司已发行股份1%以上的股东的提名意见”受制于监督成本和监督途径的限制，在当前现实实践中，通常起不到太大作用。所以独立董事不“独立”，监事不“监督”的现象普遍存在。同时，相较独立董事的选任有职业素养的硬性要求，当前我国诸多企业的监事会成员则普遍表现为整体专业素养薄弱，许多监事都是企业安放的坐等退休的老干部、老员工，除去独立性不足的原因，监事会作用的发挥还受制于人员素质以及工作积极性等其他因素。

2. 外部因素

我国农业类上市公司舞弊的外在机会主要体现在两个方面。

一是中介机构为虎作伥。保荐机构、会计师事务所、律师事务所等中介机构作为企业上市前的第一道“防火墙”，应恪尽职守，严格遵照相关法律及准则制度要求，遵守职业道德，以独立、公正、专业的执业行为对上市公司进行外部监督，维护资本市场的经济秩序，提升资本市场资源配置效率。首先，我国自2004年才开始实行保荐制度，保荐制度发展时间较短，相关法律法规不够成熟和完善，在行政处罚上，呈现出明显的重行政处罚、轻民事和刑事处罚的特点，在当前的处罚监管环境下，保荐人在收取高额保荐费用的同时却“只荐不保”的行为广受市场诟病。其次，一些外部审计机构出于利益驱动和维系客户的目的，不能够保持中立的立场，甚至与上市公司串通舞弊，出具完全失真的标准无保留意见的审计报告，从而误导投资者作出错误决策。本书涉及的案例中，企业成功实现财务造假无一例外地与中介机构未能勤勉尽责、恪守执业道德有关。对万福生科进行IPO审计和保荐的中磊会计师事务所、保荐机构平安证券，绿大地的审计机构鹏城会计师事务所、保荐机构联合证券等，都因在执业过程中未能尽职履行职责，伙同舞弊，助力财务造假，从而受到了证监会的处罚。

二是企业舞弊成本低。在当前的监管环境下，企业通常基于成本效益的原则，权衡舞弊收益和舞弊成本后，作出是否进行财务造假的选择。在这一点上，农业类上市公司同其他上市公司一样，由于面临着较低的舞弊成本和存在较小的查处的可能性，往往在造假的道路上越走越远。当前，我国资本市场尚不成熟，相关配套的监管措施和法律规范也尚不健全，执法力度和水平有待进一步加强和提高。就财务舞弊来说，当前主要以民事赔偿和行政处罚为主，以对企业整体的处罚为主，以刑事立案和对具体涉案人员的处罚为辅，且受制于处罚金额上限的约束，对上市公司的处罚相对其巨额融资收益而言基本上是九牛一毛。同时，上市公司作为地方纳税大户和解决就业的主力，其同地方政府往往会建立紧密联系，当舞弊事件曝出后，地方政府往往会帮助企业进行游说和逃脱法律的惩罚。2011年对绿大地一审判决就让人大跌眼镜，原董事长和财务总监仅被判处有期徒刑三年，缓刑四年；对庞明星、赵海丽、赵海艳的处罚则更加轻微，相当于“无罪释放”，绿大地因犯欺诈发行股票罪，被判处罚金人民币400万元，而这400万元罚金相对于绿大地上市募集的3.46亿元融资收益而言是微不足道的。直到2013年昆明市中级人民法院对绿大地的一审宣判才稍稍平了民愤。因此，面对如此低廉的违规成本和丰厚的造假收益，企业发生舞弊行为的概率会大大增加。

（三）借口

在舞弊的借口方面，农业类上市公司同其他企业一样，都受到社会诚信环境恶劣的外部因素影响，以及企业管理层及财务人员不能恪守职业道德，追求企业短期利益，以及个人功利主义等内生因素的影响。另外，舞弊的借口常与管理者个人的思想与内在追求等诸多主观因素密切相关。无论是绿大地上市前与上市后连续六年进行财务造假，还是万福生科伙同劣迹斑斑的保荐机构联合舞弊，都从一方面显示出上市公司管理层淡薄的法律意识与亟待提高的思想道德水平，也从另一方面显示出保荐机构、审计机构、上市公司诚信严重缺失的资本市场环境。基于此，不难看出，舞弊的“借口”，从企业内部来看，它涉及财务舞弊主体最核心的内在主观动力，从外部环境来看，它涉及当前我国财务舞弊层出不穷的社会大环境。因此，对舞弊借口的分析与防范的重要性依然不容小觑。

第六章

农业类上市公司财务舞弊防范与治理的对策建议

一、树立可持续发展理念，减轻舞弊压力

（一）改革发行体制，完善退市机制

由于发行制度缺陷和上市公司壳资源的稀缺，为争取上市资格成为会计舞弊的一个重要诱因。在当前我国证券发行审批制下，企业上市的焦点在于满足上市业绩指标要求和争夺股票发行指标额度，这样就容易导致拟上市公司通过虚假包装、舞弊达标的方式达到上市发行的目的。因此，优化股票发行制度是我国抑制财务舞弊一个重要且必要的制度保证。2013 年 11 月 30 日，证监会发布第〔2013〕42 号公告《中国证监会关于进一步推进新股发行体制改革的意见》，意见指出“要进一步推进新股发行体制改革，厘清和理顺新股发行过程中政府与市场的关系，加快实现监管转型，提高信息披露质量，强化市场约束，促进市场参与各方归位尽责，为实现股票发行注册制奠定良好基础①。”然而，从审批制过渡到注册制是一个制度变迁

① 《中国证监会关于进一步推进新股发行体制改革的意见》，2013

的过程，不是一蹴而就能够完成的。股票发行注册制的真正推行可能需要一些时间来准备，注册制必须在法律健全、信息披露充分、上市公司和中介机构都比较规范的市场环境下才能实施。否则会引起新的市场混乱。因此，首先要做到监审分开，转变证监会职能，推动交易所改制。企业发行股票和上市首先由证券交易所进行审查；在证券交易所初审后，再上报证监会审查，证监会对拟发行公司不作价值判断，主要审查是否合规，信息披露是否真实，这样才能逐步从投资价值的实质审核向信息披露的形式审查过渡，推动核准制向注册制过渡。其次强化信息披露质量，强化公司治理和内控制度建设，还必须进一步完善发行审核的法律法规，如现行《证券法》中我国股票发行实行“核准制”，至少应修改为逐步实行“注册制”，可以在场外交易市场直接实行注册制。具体来看，采取分步走方略，在两年内实现再融资核准权的下放，在三到四年内实现 IPO 核准权的下放①。最后农业企业较其他行业有其自身的特殊性，即容易受到自然灾害、市场波动的影响，经营业绩的不确定性大，在当前审批制下，倘若以与其他行业企业一样的持续盈利作为其能否上市的评判标准，一定会助推舞弊或阻碍有潜力的农业企业的上市步伐，鉴于此，一方面农业企业要通过转变经营模式等方式保证自身良好的成长性和盈利性；另一方面，证监会也应在考虑市场风险、行业特性等农业企业自身特殊性的前提下，对持续盈利能力的硬性指标作出弹性调整，从产品服务、经营模式等多方面设计指标考察农业企业的发展潜力，从而减轻农业企业为满足持续盈利能力指标而进行财务造假的压力。

另外，根据我国现行《证券法》第 189 条规定，发行人不符合发行条件，以欺骗手段骗取发行核准，“对已经发行证券的，处以非法所募资金金额百分之一以上百分之五以下的罚款。对直接负责的

① 曹凤岐．新股发行体制改革应从七方面进一步完善［N］．证券日报，2014.01.27（A03）

主管人员和其他直接责任人员处以三万元以上三十万元以下的罚款①。”这样的法规要求，很难称得上是对造假企业的处罚，反倒是一种保护和纵容。暂且不谈处罚金额根本起不到震慑作用，这种不追溯，不对造假 IPO 上市企业取消上市资格的规定，直接推动了不符合上市资格规定的企业通过财务舞弊冒险一搏，倘若成功，则可以高枕无忧，不存在被退市的后果。因此，当前我国亟待推行主板退市制度改革，同时健全创业板和新三板的退市机制，重新划分和辨别对上市公司进行退市预警和其他特别处理的界限标准。具体的，可以参考纳斯达克的经验，将上市板块分成三个层次：纳斯达克全球精选市场、纳斯达克全球市场和纳斯达克资本市场，上市公司可以根据三个层次市场的上市和退市标准上下流动②。对面临退市风险的企业进行分类，对在一定时间范围内能够恢复达到相关盈利水平的企业，采取升降板制度，对于在规定期限内无法扭转生产经营困难或是违规涉嫌造假的企业，直接实行退市制度。针对当前我国退市制度存在的诸多问题，2014 年 7 月 4 日，我国证监会发布《关于改革完善并严格实施上市公司退市制度的若干意见（征求意见稿)》，该意见稿进一步说明强制退市制度的指标要求及覆盖范围，并在此基础上引入了主动退市制度，征求意见稿的发布标志着我国退市制度发展到了新的历史阶段。未来，监管机构应基于此，进一步明确对违法违规的单位、人员的处罚手段，加大处罚力度，重点关注受损投资者的赔偿问题，以进一步提升资本市场融资效率，通过严惩重大违法行为，进一步规范上市公司行为，进而实现优胜劣汰，保护投资者的合法权益。

（二）改革企业绩效评价考核制度，着眼长远发展

企业绩效评价考核制度的改革是解决财务舞弊问题的有效途径。

---

① 《中华人民共和国证券法》，2006

② 李自然，成思危．完善我国上市公司的退市制度［J］．金融研究，2006. 12：17 ~ 32

短期功利主义盛行的很大原因是由于以利润为核心的业绩评价体系所造成的，而并非只是决策者的目光短浅。因此，只要改变企业业绩评价体系，不以财务业绩作为公司评价的核心，就可以期望能带来管理者行为的改变，塑造有社会责任感的、不追逐短期利益的公司。农业企业由于其特殊的经营特点和生产特点，以及其对国民经济的基础性支持作用，更要在绩效考评指标的设计上除经营效益外，更多的体现其社会效益和生态效益。监管机构也应基于此，创新对农业企业的监管目标和手段，提高政府扶持产业化龙头企业的力度。农业企业的业绩评价体系应以社会责任承担为基础，首先要注重企业产品的社会满意度、员工满意度；其次是其长期利益和未来利益的获取能力，包括创新能力、市场占有情况、公司管理水平的评价①。同时，将公司负责人及财务负责人的行为与绩效考核挂钩，建立一套有效的中长期激励机制，紧密联系经理人与股东的利益，设立绩效考核指标，有效地防范道德风险，激励经理人员努力工作以实现股东财富最大化。对经营者进行正面激励可以通过给予一定的报酬使被激励的高层经营者愿意付出自己的努力以达到公司的利益要求。把对经营者的短期激励变为长期激励，如可以将公司的长期股票价格作为参考依据，这样经营者就不会采取操纵利润的短期行为，而是注重企业的长远战略目标的实现和可持续发展水平的提升。财务舞弊从根源上说是一种趋利行为，倘若激励和惩罚机制合理，必然会推动管理层重新认识和评价企业业绩和财务指标的作用，促使管理者放弃提升短期经营业绩的舞弊手段，重点着眼企业运营和长远发展，改变急于求成的功利心理，从而减轻舞弊动机。

（三）完善政府业绩评价体系，破除唯 GDP 观

业绩评价是政府工作的“指挥棒”，指引着政府工作的方向，各级地方政府均按照上级政府制定的绩效考核指标来安排本地的工作重点和发展重心，上级政府的业绩导向决定着下一级政府的具体工

① 刘英明，上市公司财务报告舞弊的解决之道．光明日报，2012.09.14（15）

作方向，是下级政府开展工作时必须遵循的行为准则。当前，由于政府评估指标缺乏科学性，评估内容存在片面性甚至误导性，没有真正起到引导政府工作向科学化、理性化方向发展的作用①。在当前的审批制下，证监会与地方政府形成了一种委托代理关系，即证监会委托地方政府选拔推荐当地优质企业进入资本市场，然后根据上市的额度指标对被推荐的企业进行进一步筛选。由于企业经营业绩的好坏与地方政府的收入密切相关，因此过分强调GDP增长的政绩观使得一些地方政府忽视社会利益和长远利益，片面追求地区经济产出效率，大兴政绩工程，将推动企业上市作为考核政绩的重要指标，通过自身的控制权对企业进行组合和不良资产的剥离，从而造成不符合条件的企业在政府的庇护和大力扶持下也能成功上市的状况。这种情况，在农业企业上体现尤甚。近年来，随着我国经济体制改革的深入，中央一号文件连年着眼现代农业发展，农业龙头企业作为地方农业产业化发展的支柱，得到了地方政府越来越多的政策供给和优惠扶持，在这种背景下，地方政府与农业企业渐渐形成了你中有我、我中有你的相互依存关系，地方政府纷纷将支持农业企业发展、推动农企上市作为政绩的重要体现。因此，在当前，我国尚未形成科学完整的政府业绩评价体系，各级政府的绩效评价活动还处于一种自主自发的状态，并且片面地将地区经济等同于地方政绩，将经济指标等同于政府业绩评价指标。改革政府业绩评价体系，必须树立可持续发展的理念，将环保、社会、文化、教育等多个指标纳入其中，切实转变政府的政绩观，把以人为本置于一切工作的首位，将评价的重点由经济效益等量化的财务指标转变为人民满意度及社会公平度等非财务指标。只有这样，才能从根本上消除政府推动企业上市的压力和动力。

① 倪星．地方政府绩效评估指标的设计与筛选［J］．武汉大学学报（哲学社会科学版），2007.2：157～164

二、健全企业内外部监督体系，减少舞弊机会

（一）完善现代企业制度，建立规范有序的内部控制制度

1. 优化企业股权结构

如前所述，农业企业过度集中的控制权为企业实际控制人提供了通过财务舞弊谋求一己私利的可能性，在股权分置改革后的全流通背景下，大股东可以在二级市场不受约束的自由买卖股票，其凭借自身的信息和资金优势，很容易出现与管理层协同舞弊，操纵股价以获得巨额收益的现象。因此，要降低由农业企业股权过度集中引发的舞弊问题，就要从优化股权结构、形成股东的制约和牵制机制入手。然而，股权过度集中的问题并不能由股权完全分散来解决，因为在极度分散的股权结构下，每一个小股东都没有动力去监督企业管理层的经营决策行为，一是在于监督成本过高，信息搜集困难；二是“搭便车”的思想作祟。因此，优化农业企业股权结构的正确思路，应当是发展多个大股东共同分享企业的控制权，由于每个大股东的利益选择不可能完全相同，因此就大大降低了其“串谋”的可能性，同时又因为关注自身利益，从而积极参与到对企业经营者的监督中去。借鉴西方经验，主要有以下几种股权制衡思路。

（1）积极发展机构投资者

发展证券投资基金、社保基金等资金相对稳定和运作较为成熟的机构投资者，鼓励社保资金入市并长期持股，同时引导个人投资者从购买股票转为购买基金，从而实现其从直接投资转为间接投资。当机构投资者对上市公司持股份额逐渐增大后，可以进驻企业，成为董事或监事，直接指导企业完善治理结构，改善经营，强化会计信息披露。由于机构投资者通常对上市公司会计信息质量和财务报告披露的要求会更高更严，这可以有力地限制会计舞弊的发生，形成监督压力，促进上市公司遵守规范和提高质量。

（2）推动企业法人相互持股

这既是对企业的一种注资，又可以让有经济联系的企业间形成稳定多元股权和经营者集团关系，重构公司股权结构。具体的，即在企业内部设立一个经营者集团，管理人员的选任和考评都由该经营者集团依据事先讨论订立的标准决定，并对管理人员的日常工作进行实时监控和纠偏，确保上传下达快速有序以及经营决策得到切实执行。

（3）培育多元投资主体

多元投资主体，指的是国有法人、非国有法人、投资者个人以及其他组织共同持股。由于不同投资方的利益取向不同，因此多元投资主体的形成，有助于股东之间形成相互牵制之势，只有着眼于长远发展，才能实现各个投资方利益最大化的共识。

2. 建立自我约束的公司治理机制

（1）完善独立董事制度

首先，建立并实施独立董事责任监督和追究制度。通过制定更明细化、有更高法律效力的独立董事履职监督规范，包括任职资格考核、履职管理、中小股东评价和公开述职等，赋予监督独立董事者依法请求或实施相应惩戒的权利。另外，对独立董事履职中因故意或重大过失，直接或间接导致的股东或公司利益损失的失职行为，规定明确和严厉的处罚制度，尤其应引入个人无限连带责任制度①。

其次，在我国独立董事的任免权通常牢牢掌握在上市公司的控股股东（实际控制人）手中，而他们又是独立董事日后监督的对象。因此，大股东提名制下的独立董事任免制虽然很好地解决了股东和管理层的委托代理问题，但在当前许多企业控股股东兼任公司董事长和总经理的治理结构下，“内部人控制”现象严重，在这样的背景下，独立董事极易成为企业管理当局和大股东的傀儡，无法有效保障和维护中小股东的权益。因此，只有通过监管机构统一选派独立董事或直接对独立董事发放报酬等方式，才能让独立董事彻底“独

① 韩传模，李秋蕾．中美独立董事规模与会计舞弊相关性的比较［J］．审计与经济研究，2011.01：64～71

立”，从而真正代表投资者对企业进行监督。

（2）建立健全审计委员会制度

建立健全我国上市公司审计委员会制度，有助于完善企业内部控制机制，加强企业内部会计监督，有效遏制财务舞弊。完善我国上市公司审计委员会制度具体应从以下几个方面着手：一是将审计委员会制度写入《公司法》，将该制度以法律强制规范的形式进行明确要求，以法定的形式推动企业治理结构的完善。二是要进一步明确审计委员会的运作方式和工作手段，可以借鉴美国《萨班斯法案》① 对审计委员会的相关规定，详细规定审计委员会的权责安排，赋予审计委员会聘请或变更外部审计机构的最终决定权并领导内部审计机构工作，要求上市公司审计委员会成员必须全部有独立董事参加，并对独立董事的独立性和任职资格进行明确详细的规定，要求审计委员会必须建立起自己科学合理的运行程序系统。同时，上市公司必须为审计委员会提供合适的资金保证，以使审计委员会建立一定的程序系统来履行其职责②。三是要加强审计委员会披露的透明度，对审计委员会成员的选任、审计委员会独立性及其重点工作内容定期进行详细披露。

（3）提升监事会监督效率

我国《公司法》规定，监事会由股东大会任命，对股东大会负责，但作为董事会的平行机构，其对董事及高层管理者只有监督权，没有罢免权。而日本的法律规定，每一名监事会成员都可以独立发起临时股东大会，直接通报对董事会的监督情况；德国规定，监事会有权罢免董事会成员。对比以上两个国家的监事会制度，我国企业的监事会显然独立性太弱，并且直接导致了权利的弱化。因此，当前，必须通过完善相关法规制度，强化监事会的职权，提升监事会在整个公司治理结构中的地位，健全监事的选任制度，真正发挥

---

① 指美国2002年颁布的《萨班斯—奥克斯利法案》（即“Sarbanes - Oxley Act”）

② 岳彦芳．《萨班斯—奥克斯利法案》对完善我国上市公司审计委员会制度的影响[J]，2006（6）：88～92

监事会内部监督的作用。另外，我国现行《公司法》对监事责任的规定也过于笼统。分析案例，不难发现，监管机构对上市公司财务舞弊的处罚，很少涉及对监事的处罚，因此，监事法律责任的模糊也使得我国企业监事会成员多人浮于事，缺乏对管理层严格监管的主观动力和压力。由此可以看出，提升监事会的监督效率，不仅要提升其独立性和组织地位，还要强化其法律责任，从外部环境和内在动力两方面寻求改进当前“监事不监督”的现状。

（4）健全经理人激励和处罚机制

只有科学合理的激励机制和公正严厉的处罚机制才能对经理人行为产生正确的导向。首先，要从以下五个方面建立健全经理人的激励机制：一是加强对现行股权激励制度实施的合规性监管，企业应在完善现有内控体制的基础上，严格建立股权激励的考核要素和量化标准，同时配套违规收益的返还和处罚标准。二是对股权激励取得的收益采取递延的形式发放，倘若在递延期间，发现其舞弊造假行为，则不予发放。三是建立履职保证金缴存制度，经理人在任职期间内缴纳一定的保证金，作为在任期结束经过考核后，合格者可以将保证金取回，不合格者则不予退回，以此作为对其的处罚。四是改进考核标准体系，建立多维度的长期考核制度，不再以财务数据为核心考察经理人执业能力和水平，而是对其进行领导能力、组织协调能力、对内对外沟通能力、企业运营能力等多层面的考核，同时，不再关注其为企业带来的当期效益提升，而是对其以三至五年为一个周期进行回溯考核评价。

其次，科学有效的正向激励机制必须辅之以严格公正的反向惩戒机制才能最大程度地发挥作用。建立健全经理人的约束惩罚机制，主要包括以下两个方面：一是监管部门应当加快制定具体针对上市公司高管的监管条例，为强化对其日后评价和责任追究奠定基础。二是借鉴美国《萨班斯法案》，应建立经理人的宣誓制度，在经理人任职时要求其签订履职责任书（或声明），在责任书中明确其全部权利和义务及违法违规行为的一切后果和处罚措施，以此达到处罚前置的效果，为其实施不端行为提前敲响警钟。

3. 加强企业内部控制制度建设

我国于2008年颁发的《企业内部控制基本规范》与2010年颁布的《企业内部控制配套指引》共同构成了我国企业内部控制的规范体系。然而，当前我国上市公司对内部控制的设计不完善和应用执行不到位的现象普遍，纵观我国农业类上市公司中的舞弊企业，其内部控制基本上不是漏洞百出就是形同虚设，没有真正发挥其保证经营管理合法合规、财务报告及相关信息真实完整，从而提高企业经营效率和效果，促进企业实现发展战略的作用。由于农业企业往往欠缺现代管理意识和高素质的管理人员，致使内部控制薄弱，尤其是财务控制系统不够规范，从而给恶意舞弊提供了空间和机会。只有通过在企业内部形成相互牵制、相互制约的健全的内部控制制度，才能真正营造一个诚信的治理环境。鉴于此，我国应进一步加强对农业企业内部控制制度建设的指导和监管，将内控的制定和实施效果作为农业类上市公司评价体系的重要组成部分，以强制规范的方式督促企业完善内部控制制度建设。同时，控制体系的建成主要依赖于企业管理层，上市公司管理层应以企业风险防范和持续发展为根本出发点，自发的通过建立健全内部审计和经济责任审计制度、完善内部控制的激励约束制度等方式，进一步强化企业内部控制体系的正面作用，从而为公司治理自我约束机制的有效实施提供根本保证。

（二）提升监管效率，加大处罚力度

1. 完善相关法规制度建设

（1）完善民事诉讼和民事赔偿制度

会计舞弊行为、违法行为的受损害投资者具有“小额多数”的特点，是大量的分散的股东，尤其是中小股东分别提起诉讼的成本和诉讼风险很高。鉴于此，我国应建立健全民事诉讼制度。参照国际经验，可以从以下四个方面对现有民事诉讼制度进行改进：一是建立诉讼支持制度，即监管机构在监管过程中取得的证据和资料，可以在法院许可的范围内，提供给个人或机构投资者，用于申诉上

市公司的舞弊行为，倘若我国能在资本市场引入这一制度，则会大大降低受损投资者的举证成本，激发中小股东的维权积极性。二是应引入集团诉讼制度，即由少数个人代表全体成员就有关违法事项提起诉讼的制度。在集团诉讼制度下，诉讼结果对全体成员有效力，具体到上市公司舞弊实践，即对资本市场上的所有投资者具有效力。因此，集团诉讼，一方面有利于实现保护股东权益，尤其是中小股东的权益；另一方面，巨额的索赔也必会对上市公司起到巨大的警示作用。三是实行举证责任倒置，即投资者不需要提供充分的证据证明上市公司存在欺诈行为，只需要通过报表分析指出其存在的问题，然后由涉案企业自己提供证据证实自己的“清白”，这种方式将取证成本一定程度上由投资者转移到了舞弊企业，从而有利于投资者通过诉讼保护自身权益。四是取消诉讼的前置程序，即允许投资者不必限于证监会出具行政处罚书的范围，可以独立向法院提起诉讼，这种方式同时也使得法院改变了其依照证监会处罚和审查结果的间接审理方式，有助于提升法院办案的独立性。

另外，还要加强民事赔偿的处罚力度。在我国当前法律规范下，对舞弊上市公司的处罚以 60 万元为最高限额，对相关责任人的处罚则以 30 万元为最高限额。因此，根据决策的成本收益原则，对企业而言，只要舞弊产生的收益大于 60 万元，即是可行的。对造假上市而言，企业获得的融资不是以万元、百万元、千万元计数，而是以亿元计数的，区区 60 万元，对企业而言根本不值一提，对参与舞弊的企业高管也无法产生威慑作用。我国香港证监会发布的《证券及期货条例》规定，对舞弊上市公司及其高管施加直接民事处罚，相关责任人可能面临最高 10 年监禁和高达 1 000 万港币的罚款。较之我国香港地区对舞弊的民事处罚力度，我国大陆地区的现行民事赔偿规定明显过松、过轻。因此，改革现行民事赔偿制度，最主要和最直接的方式是以使舞弊企业“舞弊成本大于舞弊收益”为原则，制定惩罚性，而不是补偿性的赔偿金额，通过巨额处罚一举击碎其收益计划。如此才能真正体现法律强制力和警示作用，同时也可以通过这种方式扩大赔偿范围，使中小投资者的投资损失得到完全补偿。

（2）完善上市公司评级制度，科学划分监管对象

完善上市公司评级制度，科学划分监管对象。虽然我国早在1987年就成立了商务部研究院信用评级与认证中心，但是仍与国际评级机构有一定差距，监管机构应尽快完善对上市公司的评级制度，今后可以把有限的监管资源科学划分在不同层次的监管对象上，对不同等级的上市公司实行区别化监管，但这也绝不意味着监管机构可以完全放松对评级较好的上市公司的监管，评级标准应该适时进行合理调整，充分体现评级的科学性。上市公司的分类，立体监管，一定要一步一个脚印，切忌急于求成，其过程要稳健、审慎地循序渐进，注重科学、全面、公正，不能“一刀切”，片面看待上市公司财务状况，必须综合分析我国现实经济结构和行业特点①。

2. 加强对监管人员培训

合理制定激励机制，积极探索对监管人员的培训方式，加强对监管人员的业务素质培训。现阶段我国上市公司财务舞弊较为频繁，为监管机构采用绩效工资提供了有利条件，监管机构应制定合理的激励机制，把基本工资、晋升与绩效科学挂钩，保证基本工资，加大奖励力度，通过奖励促使员工充分发挥主观能动性来查找“问题公司”。对于员工的培训方式，监管机构要改变以往只注重理论的培训方式，把实践引入培训中并提高其所占比例，让监管人员能够接近真实的查处环境②。监管机构可以邀请国内外知名审计人士对员工开设讲座，了解其审计过程和思考方法，通过召开专题学术会议等方式，沟通了解国外的上市公司监管动态和审计技术，提升我国自身监管水平和审计效率，从而强化监管人员的专业水平，对农业等特殊行业企业的监管方法进行专门培训，形成专门监管人才，提升监管水平和监管效率。

3. 建立多元动态监管体系

监管部门要改革和创新监管制度和监管手段，优化监管人员配

---

①② 龚勋．上市公司财务舞弊监管实效性探究［J］．财会通讯，2013.02：44～45

置和机制流程，建立多元化动态监管体系，从而降低监管部门的监管成本。因为只有当监管部门的监管成本降到足够低时，监管资源才不会出现短缺，从而，上市公司财务舞弊被查出的概率才会变大，在这种情况下，上市公司财务舞弊的收益就会显著小于被查处的成本，那么，理性的管理者就不会选择违规舞弊。因此，完善现有监管体系，降低监管成本，是提升监管效率、打击舞弊的重要方式。我国《会计法》规定，“除财政部门外，人民银行、审计、税务、保险监管、证券监管等部门依照相关法律法规规定的职责和权限，对有关单位（包括上市公司）的会计资料实施监督检查①。”表面上看起来，我国当前多部门的监督体系似乎扩大了监督范围，提升了监管强度，事实上，当前的监管体系存在着职能划分不明、重复监管和监管漏洞等多种问题，且多部门之间相互推诿扯皮现象十分严重，在浪费监管资源的同时，还降低了监管效率。因此，改革现行监管体系势在必行。

首先，监管机构要保证举报机制畅通无阻，并提高举报处理效率。在当前，随着投资者自我保护意识和专业素养的提高，不断有社会民间组织、个人及媒体参与到对上市公司财务舞弊的监督中来，在这种背景下，监管机构应加快设立方便社会各界人士举报上市公司非法财务行为的举报箱、举报电话，充分利用网络平台，为公众搭建举报专题网站、设立举报邮箱，尤其要注重权威人士和学者的举报，上级机构应不定期检查行政部门的举报设施及其有效性。其次，监管机构可以引入高效的计算机自动化审计平台，减少审计人员的非技术性失误，提高审计效率和准确度，并利用电脑监控上市公司财务指标和财务动向，增强日常监管的自动化，节约监管成本。再次，在监管机构内部设立专门处理举报的机构，制定完整详细的举报信息处理流程、保密协议、每个环节的责任制度，提升办事效率和办事规范化程度，提高查出上市公司财务舞弊的概率。最后，监督机构审查上市公司的财务状况时，可以考虑派遣一些具有公信

① 《中华人民共和国会计法》，2000

力的机构外人士，如注册会计师协会、内部审计协会等从业人员，避免监管机构因种种原因而不能准确审计出上市公司财务舞弊情况①。

4. 加大对舞弊的处罚力度

企业作为理性的市场参与者，其所有经营行为和交易行为都要符合成本收益原则，都要以企业自身利益最大化为决策依据。从契约的角度看，企业财务舞弊是一种对投资者的违约行为，而企业是否实施违规行为，主要取决于其违约成本是否足够低。当财务造假的预期成本大大低于造假的预期收益时，企业很难不产生造假的冲动。因此，强化舞弊的责任追究制度，加大处罚力度，是提升企业舞弊成本，从而降低其舞弊行为发生概率的最直接的手段。由于当前，舞弊者得不到与其舞弊产生危害相对应和匹配的足够严厉的处罚，进而导致了上市公司财务舞弊屡禁不止。加大对舞弊的处罚力度主要应着力于以下几个方面：

（1）加大对上市公司及其责任人的处罚力度

我国现行的法律制度对上市公司及参与舞弊的相关责任人的处罚力度不够，一方面导致法不责众，另一方面更助长了上市公司愈发肆无忌惮的舞弊行为，强化了舞弊者的侥幸和赌博心理。企业财务舞弊的动因在于舞弊收益大于舞弊成本，这里所说的舞弊成本，包含舞弊被查处的可能性和处罚力度两方面的内容。我国对企业舞弊的处罚方式主要体现在《公司法》、《证券法》和《刑法》中。《公司法》第212条规定，“公司提供虚假报告，对直接负责的主管人员和其他直接责任人员处以万元以上10万元以下的罚款，构成犯罪的，依法追究刑事责任②”。《刑法》第97条规定，“犯提供虚假财会报告罪者，判处3年以下有期徒刑或拘役。并处（单处）2万元以上20万元以下的罚金③。”《证券法》第177条规定，“发行人

① 龚勋．上市公司财务舞弊监管实效性探究［J］．财会通讯，2013.02：44~45
② 《中华人民共和国公司法》
③ 《中华人民共和国刑法》

未按照有关规定披露信息，或者所披露的信息有虚假记载、误导性陈述或者有重大遗漏的，对直接负责的主管人员和其他直接责任人员给予警告，并处以 3 万元以上 30 万元以下的罚款。构成犯罪的，依法追究刑事责任①。”相对于企业巨大的上市融资获得的舞弊收益来说，30 万元的限额显然是过低的。这充分暴露出现有法律规范对这种舞弊违规行为的打击和处罚力度不足的问题。因此，只有加大处罚和惩处力度，提升民事赔偿的限额，加强刑事责任追究，同时完善对受损投资者的补偿和保障机制，才能真正起到对舞弊企业和舞弊人员的威慑和警示作用。

（2）加强对会计师事务所的处罚力度

外部审计是防范舞弊行为的有效途径之一。注册会计师提供的审计报告会直接影响投资者或信息使用者的判断。因此，在进行审计工作的过程中，注册会计师应当保持职业谨慎，做到独立、客观、公正，不受外界压力、经济利益、关联关系和自我评价的威胁，竭尽全力履行对大众、对顾客、对同行的义务与责任，从质量上把好第一道关。上市公司主要通过虚增资产、利润或虚减负债和成本费用等常用手段实现美化业绩的目的。作为专业的审计机构，签字注册会计师只要保持应有的职业谨慎，通过实施必要的审计程序，获取充分适当的审计证据必能发现其中“猫腻”。因此，必须对违反职业道德伙同舞弊或不尽职的执业行为进行严惩，尤其是对通过欺诈和造假来达到上市目的的行为应加以重罚，对于情节严重的不仅要追究民事责任，吊销会计师事务所执照，还要追究刑事责任，并通过完善对投资者的补偿机制，提升会计师事务所的违规成本。

（3）加大对保荐机构的处罚力度

至于承销商等保荐机构，则更是在企业 IPO 过程中变本加厉，存在严重的“只荐不保”现象。保荐机构在保荐 IPO 发行过程中，几乎不承担责任，却可以收取巨额收益。所以，证券公司等保荐机构出于自身利益考虑，大力鼓吹企业上市，而忽视企业是否达标，

① 《中华人民共和国证券法》

在保荐 IPO 发行过程中对众多投资者的利益置若罔闻。保荐代表人通常都是业内专家，对财务信息的质量要求和技术处理方法十分了解，但很多保荐机构却对上市公司的会计造假行为视若无睹。因此，必须要加大处罚力度，构建保荐机构的声誉机制，并完善相应的民事赔偿制度。证监会在对舞弊的上市公司进行处罚的同时，也应该对涉嫌协助舞弊的保荐机构给予一定处罚，加大其为虎作伥的成本，对于情节严重的不仅要追究民事责任，也要追究刑事责任，杜绝中介机构协助舞弊情况的发生。

（三）完善现行会计准则体系，加强执行保障体系建设

1. 加强会计准则自身建设

会计准则以法规的形式规范了企业经济事项的确认、记录、计量和报告，是真实可靠的会计信息生成的保障。因此，完备的会计准则体系能从根源上起到防范舞弊，保护投资者和经营者的双重功效。鉴于此，针对我国现行会计准则体系产生的问题，具体应从以下几个方面加强会计准则的自身建设。第一，应在不影响会计从业人员职业判断的基础上，压缩会计方法及会计政策选择的空间，减少企业的盈余管理行为。第二，在强调会计信息可靠性的基础上，选择最相关的信息，当前会计界过分强调信息的相关性，从而为上市公司信息披露进行了引导，有的企业为了追求信息的时效性和相关性，牺牲会计信息的可靠性，从而造成了误导投资的恶果。第三，要进一步公开准则制定过程，在汲取各界从业人员智慧的同时，也限制了利益团体的游说。第四，要根据现实国内外经济环境的变化，及时对准则进行修订完善，减轻准则发挥作用的时滞影响。第五，要加强对会计估计合理性的判断和审计，提升企业会计估计信息的披露水平，从而便利投资者自主判断企业会计估计的合理性，保护投资者权益。

2. 加强会计准则执行保障体系建设

会计准则执行的好坏受外部因素的影响更多。要提高准则执行质量，减少会计舞弊等会计违规行为的发生，应当注意以下环节的

建设。第一，在会计信息内部批准环节，董事会及其下设的审计委员会，以及单独设立的监事会对会计报表的审查和批准，是上市公司自我准则执行的自我控制机制。第二，在审计环节，注册会计师对执行会计准则情况的检查是保障执行的重要外部监督手段，提高审计质量可以促进准则执行效果并抑制会计舞弊。第三，在政府监管环节建立，以证监会为代表，财政部门和税务部门等为辅助的监管机制，以行政强制力促进准则的执行，保障会计信息质量。第四，在司法环节，以法院和检察院为代表的司法机关，以其法律制裁权促使准则的执行，以承担法律责任约束不执行准则者应当依法行事，维护会计信息质量，防范会计舞弊等违背准则的行为。第五，在社会监督环节，通过向社会公众披露上市公司会计准则执行情况，接受社会监督①。公众的质疑和媒体的评论常常为监管部门提供监管线索，而监管部门对准则执行情况的监督也受到社会的监督，其相互促进，相互监督，促进了准则执行效果的提高。

（四）提升外部审计机构执业水平，增强独立性

1. 外部审计机构亟需提高执业能力和执业水平

由于农业类上市公司有其自身的经营特点，故注册会计师要重点关注其行业特殊性带来的审计风险，提升自身执业能力和水平，提升审计效率。具体地讲，参与农业企业审计的注册会计师要加强审计风险的识别和防控，深入评估其内控的合理性及其运行的有效性，针对农业企业的特殊情况，合理配置审计资源，分派熟悉农业产业的有胜任能力的审计人员到项目组，并在审计过程中，保持高度的怀疑态度，在审计过程中，尤其要关注以下五个关键审计领域：

一是要关注收入的真实性，收入确认的时点、依据是否恰当，有无通过虚增交易、虚构客户和资金往来等自我交易的方式实现收入和利润增长的迹象。二是要关注关联方交易是否具有合理的商业

① 李秋蕾．中国上市公司会计舞弊监管制度研究——基于会计舞弊预警、识别和处罚制度［D］．天津：天津财经大学，2012：111～112

理由，交易价格是否公允，有无利用关联方交易输送利益的迹象。三是要关注生物资产的分类及成本分配是否恰当，生产性生物资产的折旧计提政策和方法是否合理。四是要充分考虑农业类上市公司的实际情况，考虑是否需要利用专家的工作，设计科学合理的存货监盘计划，严格实施监盘程序，关注存货的构成比例和价值状况。五是要关注资产减值计提的充分性和合理性，分析减值准备是否反映资产的真实信息，防止上市公司利用减值准备进行盈余操纵①。

2. 增强外部审计机构独立性

防治企业财务舞弊，强化诚信意识的外部保障是会计师事务所的外部监督。然而，当前有些事务所丧失诚信和职业道德，违背审计准则的要求，与上市公司沆瀣一气，从而助长了上市公司财务舞弊的不正之风。为了解决这一问题，一方面要从职业道德观念和法制观念两个层面对注册会计师进行守法教育，不断增强注册会计师职业的道德意识和法律责任意识，但最根本的是要解决会计师事务所独立性缺失的问题。加强注册会计师的独立性建设主要包括两个方面：需要强化聘任机制的独立性，虽然按照我国《公司法》和《证券法》的规定，最终有会计师事务所聘任权和解聘权的是上市公司股东大会，但现状是公司董事会对聘用和解聘会计师事务所仍然保有绝对话语权，要避免上市公司高管人员与会计中介的直接联系，就要改变聘任机制，实行由审计委员会直接选择事务所，报股东大会决议的方式，加快事务所轮换要求，增加有关独立审计信息的披露，进一步隔离管理层与事务所的联系。因此，应进一步分离非审计业务，大量研究表明，会计师事务所同时向同一客户提供审计和非审计服务，注册会计师的独立性会遭到损害，如果注册会计师能够完全真正的独立于公司管理层，不受任何干扰的实施审计，是否分离非审计服务不会对其审计质量造成影响，反而通过咨询服务了解了更多的企业信息，这会促进审计质量的提高，但在上市公司内

① 朱宝琛．农业类上市公司造假案件多，中注协打“审计预防针”［N］．证券日报，2014－04－14（A02）

部治理并不理想，管理层的干扰一时难以排除的情况下，分离非审计服务仍是一个合适的选择，但在选择应当分离的业务项目时应当有所甄别，仅针对那些与审计业务和审计合约有密切联系和影响的项目，不能一概而论①。

（五）延长保荐责任期间，强化保荐责任

保荐制度在我国实施已有多年，相关法律的制定一直处在不断的变革之中。我国于 2009 年 6 月 14 日开始正式实施《证券发行上市保荐业务管理办法》（以下简称“保荐办法”），该制度的实施在一定程度上对证券市场的规范和促进起到了很大的作用，它使得证券业的发展由政府主导向市场自律方向转变，对强化中介机构的自我约束、自我监督有着很强的引导作用，同时也为发行人上市（即公司上市）提供了方便快捷的途径。但在保荐制度实施的几年中，也确实发生了一些让人意想不到的事件，如有的保荐人为了获得非法的经济利益，与发行人联合起来欺骗监管机关、证券交易所和投资者，让整个证券市场和投资者蒙受了巨大损失。因此，我国当前保荐制度亟待进一步发展完善。这方面，我们可以借鉴我国香港地区的先进经验对保荐制度进行改革。香港地区的保荐人职责制度规定，将保荐人的职能一分为三，分别由保荐人、合规顾问和独立财务顾问来承担，并且其保荐的责任期间原则上各不同：保荐人承担新上市申请人上市前的推荐和辅导责任，合规顾问承担发行人上市后的持续督导责任，独立财务顾问根据证券法的要求对发行人和拟发行人的重大交易和法律行为等方面（包括重大关联交易、资产重组和一些有可能影响发行人生产经营行为的重大事项）的公允性和合规性进行审查，并按照指定的格式出具独立、客观公正的专业意见②。通过以上法律措施，保荐人就可以集中人力和财力为公司的上

---

① 李秋蕾．中国上市公司会计舞弊监管制度研究——基于会计舞弊预警、识别和处罚制度［D］．天津：天津财经大学，2012：133～134

② 李有星，徐晓琼．论证券发行上市中保荐人职责制度的完善［J］．商业经济与管理，2008（1）：69～73

市出谋划策，提高公司上市的质量，减少公司上市后突然变脸的可能性，保证证券市场的稳定性。这些对于保荐人责任的减轻以及提高保荐人审核水平会有着明显的作用，更不会使保荐人“疲于奔命”，严重影响到保荐人的保荐水平。

另外，还要强化保荐机构的法律责任。明确保荐代表人只是保荐机构必备的保荐业务人员，监管机构只对保荐代表人进行资格监管，不要求其承担保荐法律责任，保荐法律责任理应由作为市场中介的保荐机构承担，至于保荐机构如何追究具体保荐代表人的责任，当属其自治事项，如果保荐代表人因违规而产生民事责任或者刑事责任，自然是证券监管机构的立法难以解决的，有赖于我国证券法律体系的健全和完善，强化保荐机构的法律责任实际上是恢复保荐人制度“担保”的本来面目，使保荐机构回归保荐人角色，这种回归可以促使内地现行保荐制度中保荐代表人和保荐机构的分工更明晰、职责更具体，解决保荐机构“荐而不保”、“荐而难保”及保荐代表人两难处境的问题①。

三、构建诚信的社会经济环境，消除舞弊借口

（一）提升管理层思想道德水平，健全经理人声誉评价机制

管理层的思想道德水平和价值观对企业诚信有序的内部控制环境的形成起到了决定性的作用。倘若管理者对自身没有约束，玩忽职守或为谋求一己私利置企业整体利益于不顾，则无法上行下效而对员工起到榜样作用，从而无法形成严谨的工作作风，舞弊行为在这样的环境下必然会萌生。从绿大地到万福生科，再到新大地，农业企业舞弊行为的产生无不授意于最高管理者，因此，即使管理层思想道德水平不是企业舞弊最本质和核心的动力，但一定是舞弊最直接的推动力。提高管理层思想道德水平，最紧要的是加强对其的

① 谈萧．香港保荐人制度最新修订述评［J］．证券市场导报，2005（4）：42～47

思想道德教育和法律法规的普及教育。一是相关政府部门或监管机构应该设置独立机构，对上市公司高级管理层进行统一的管理和定期培训，并根据培训内容设置考核指标，建立培训考核档案。二是要对所有上市公司的管理人员建立诚信档案，并通过公众媒体的渠道定期发布关于企业管理人员变动情况、接受培训和再教育情况以及违规行为等的披露和报告，使其置于公众的监督和评判之下。

另外，倘若实施会计舞弊被查处后导致经理人的声誉损失足够大，经理人很可能为维持良好声誉而放弃舞弊。对经理人的声誉处罚机制可以包括两种：一是联合声明机制，即通过各种大众传媒手段对其不端行为进行报道，扩大社会影响，使其在经理人市场难以立足。二是一票否决制，即以法规的形式严格限制担当任何上市公司高管职务。由于声誉处罚的后果和负面影响在事前往往难以估量，经理人在准备会计舞弊前无法准确核算舞弊成本，而且其影响力的持续时间也是不确定的，因此，随着社会整体舆论环境的进一步完善，在传统处罚制度的配合下，声誉处罚的效果会越来越突出。

（二）强化诚信机制，营造诚信的企业文化

文化是滋生一切事物的根源，好的企业文化必然产生优秀的企业，而拥有不好企业文化的公司必然不是一个优秀的公司，也是产生舞弊行为的最大来源。诚信是企业的经营之本、发展之基。所谓诚信的企业，是指依法合规经营的企业，即企业能够遵守国家法律法规、公平交易的市场经济制度以及商业道德。而诚信与企业文化的关系则表现在诚信孕育、扎根于企业文化，并渗透和作用于企业文化的各个方面，总的来说，诚信是健康的企业文化的首要部分。上市公司只有建立诚信、健康的企业文化，在企业中营造诚实和开明的氛围，才能从根本上杜绝财务舞弊行为，从思想上将财务舞弊扼杀在萌芽阶段。只有每个企业都焕发出诚信的风貌，才能推动整个经济社会更健康和持续的发展。

而在企业中强化诚信机制，首先要建立相应的规章制度，为企业诚信文化建设提供制度保障。可以在风险管理部门下设立企业内

部信用风险管理的岗位，监控组织运营过程中的重大决策行为及内部交易行为；建立员工诚信档案数据库，记录员工的诚信经营业绩情况，并以其作为员工提拔、奖惩的依据。其次，要建立企业内部诚信生产经营的奖惩机制。只有建立严格的公平、公正的诚信经营奖惩机制，奖励诚信者，严惩背信者，才能加快企业的诚信建设并推动其持续发展。

（三）健全社会信用体系，强化舆论监督作用

健全社会信用体系，就是要强化包括企业在内的全体社会成员的诚信意识。首先，要以诚信为准绳，加强会计从业人员、审计人员和保荐代理人员以及企业高层管理人员的职业道德建设，多管齐下，开展覆盖面广、形式各异，为大家喜闻乐见的职业教育，逐步推动从业人员转变执业理念，树立正确的价值观，从而提高职业道德水平。其次，从会计信息披露制度执行的角度来看，如果上市公司重视自己的信誉，制度一旦制定，无须动用强制手段，上市公司也会自觉执行。因此，要强化诚信机制，使不完备的会计信息披露制度在诚信机制下有效的运作。事实证明，即使在会计信息披露制度最发达的国家，会计信息披露制度也总会存在一些制度疏漏、制度误导等问题，若上市公司注重自己的信誉、经营者注重自己的道德，在这种情况下上市公司一般会选择被认为是合理的和恰当的方式处理问题。诚信机制可以诱导会计人员在合理与不合理之间作出恰当选择，以弥补制度缺陷。

随着当前我国互联网的迅速发展，博客、微博、微信、论坛等公众交流平台高效运行，可以以大众传媒为载体推动舆论监督对企业舞弊发挥作用。2014 年 7 月 24 日，国务院审议通过了企业信息公示暂行条例，要求以“建立健全全社会征信体系，褒扬诚信，惩戒失信”为改革目标，建立企业信用信息公示系统，对企业的不守法、不诚信行为“广而告知”，让违法企业一处违规，处处受限，为诚信企业树立“金字招牌”，从而推动诚信企业在公平竞争中不断增多壮大，并带动全社会形成诚实守信的良好风气。社会舆论虽然对任何

人都不具有强制性，不能代替行政权力机关发号施令，但公众的意向可以作出道义上的判决，此项条例的出台，必将推动我国社会信用体系的发展完善，进一步推动社会舆论发挥其规范社会秩序、惩戒违法行为的作用。当然在现阶段，依靠舆论监督的同时，也要防范虚假言论及恶意中伤行为造成的恶劣影响。因此，监管部门需要同信息技术部门、执法部门通力合作，及时剔除虚假信息，对散布谣言者依法予以严惩，从而真正做到在确保信息真实性的基础上，提升舆论监督的效率。